実話奇譚
呪情

川奈まり子

竹書房文庫

目次

※本書に登場する人物名は様々な事情を考慮して仮名にしてあります。

私の小指

銭湯やクリーニング店は川に隣接した土地に集中する傾向があるという。私と同い年の彼女の実家は都内でクリーニング店を営んでおり、かつては家のすぐ近くに銭湯と暗渠《あんきょ》（埋設された川）があった。

「十歳くらいの頃、その銭湯へ行ったときのことですが、髪を洗っていたら、足もとの排水溝を肌色をした指が流れてきました。血はついていなくて、とても細い、綺麗な指でした。小指だったと思います。驚いてワッと叫んだんですけど、指はするする流れていって、見失ってしまいました」

ところが翌朝になって、家の前をはしっている道路の側溝に小指があるのを見つけた。溝板が一枚ずれていて、隙間から側溝の底が見え、そこにコロンと転がっていた。

「きっと銭湯から暗渠に入って、どうやってかはわかりませんが、そこまで流れてきたんですね。妙に清潔な感じで、作り物みたいでした。銭湯から帰ったときも、母親に話したら、堅気じゃない女が義理立てして指を詰め、義指をしていたのが、入浴中に外れてしまったんだろう、と。昔はそういう店も多かったらしいんですよね、実家の辺りは」

指を置き去りにして、彼女は小学校へ登校した。下校してきたときには溝板が元に戻されていて、指を確認することはできなかった。

月日は流れて、二十代の頃、彼女は交通事故に遭《あ》って怪我で左手の小指を失い、義指を作ることになった。出来あがった小指の義指は子供のときに見た指とそっくりだった。

「将来小指を失くすことになるのを暗示してたんじゃないかと、因縁めいたものを感じてしまいました」

それから再び歳月が経ち、件《くだん》の銭湯が近々廃業すると知らされた。にわかに郷愁にかられて実家を訪ねたついでに銭湯に行った。

ところが、入浴中に義指を紛失してしまった。

洗い場をくまなく探したが見つからない。昔のことを思い出し、外の排水溝を見ようと思ったが、溝板は景色から消えていた。下水道が整備され排水が地下を流れるようになって久しかったのだ。

義指を探すことをあきらめて、翌日、自分のうちに帰った。同じ東京都内だが、実家とは三十キロほど離れている別の区のマンションに彼女は住んでいる。帰宅したときはひどい土砂降りで、マンションのエントランスの前に雨水で川ができていた。

「夜のうちに雨は止んだんですが、あくる日のお昼頃、私が義指をつけていることを知っていたマンションの管理人さんが、小指を届けに来たんです。エントランスの前に落ちていたそうです。間違いなく私の小指でした。水に流されてきたのでしょうか」

同姓同名

日本で同姓同名が最も多い名前は〈田中実《たなかみのる》〉だそうだ。全人口約一億二七〇〇万人中、田中実さんは二六二〇人いるが、田中実さん同士が遭遇する確率は〇・〇〇五％で、これは死ぬまでに五万人の人間と知り合ったとしても一人出逢えるかどうかという数字になる。

大学生の頃に住んでいたアパートの隣の住人と、たまたま同姓同名だったことがあると語る彼の名前を、仮に田中実さんとする。

「郵便物の取り違えは日常茶飯事でした。歳も近く、同姓同名がきっかけで親しくなりかけたのですが、あるとき真夜中にドアが激しく叩かれて、なんだろうと思って開けたら、いきなり殴られるという出来事がありまして……」

田中さんを殴った男は、この住所に住む〈田中実〉という男に妻がちょっかいを出されたと言って憤っていた。身に覚えがないことを田中さんは必死に訴えたが、なかなか信じてもらえず、怒鳴《どな》り合いになった。

「怒鳴り声が部屋の中まで聞こえているに違いないと思うのに、隣の田中さんは部屋から出てきませんでした。隣の奴がやったことだと言ってやればよかったかもしれないけど、そのときは友だちを売るような真似はしたくないと思って、我慢しました」

しかし次第に腹が立ち、隣の〈田中実〉とのつきあいを断つことにした。

「僕が殴られて、散々怒鳴られてるのに、最後まで助けに来てくれなかった。それに、僕は童貞なのに隣の田中は人妻とヤってるんだと思ったら悔しくて、本当に頭に来ました」

数日後、彼は、綺麗な女性が隣の田中さんの部屋を訪ねてきたところを見掛けた。若そうだったが、キャンパスで出会う大学生の女の子たちとは違う落ち着いた雰囲気のある女性だった。彼女が例の人妻か。ピンときた田中さんは、部屋の壁に耳を当てて隣の会話を盗み聞きしようとした。

「なんか、ぼそぼそぼそぼそ、ずっと喋ってるんですよ。ちょっとスケベな期待もしてたんだけど、そういうのは全然……。ぼそぼそ会話してるだけだったので、そのうち飽きて、布団に入って寝てしまいました」

ところが、それから毎日、夜になると、隣から「ぼそぼそ」聞こえてくるようになった。日が暮れると始まり、壁に耳をつけなくてもかすかに聞こえる。

「別れ話でもしてるのかなぁと思ってました。でもね、ある日、大学から帰ってきたら、アパートの前に人だかりがしていて、パトカーや救急車が停まってたんですよ」

〈田中実は〉、関係していた人妻と部屋で心中していた。二人の遺体の発見者は、田中さんを殴った男性だった。

「ドアに鍵が掛かっていなかったそうです。早く死体を見つけてもらいたかったのかな」

二人ともカーテンレールに紐《ひも》を掛けて、並んで首を吊っていたのだという。

「最初に奥さんが隣を訪ねてきたのを見掛けた日の夜には、もう……。じゃあ、毎晩聞こえてきてた声はなんだったのかって話です。怖いから、すぐに引っ越すことにして、その日までは荷物を取りに昼間ときどき戻るだけにして、友だちの家に転がり込んでました」

引っ越し当日には、男の友人が二人、手伝いに来てくれることになった。一人は約束の時刻にやって来たが、もう一人がなかなか来ない。梱包は田中さんが済ませていたので、来てくれた友人と一緒にダンボール箱を部屋から運び出しはじめたところ、隣の部屋のドアが開いていることに気がついた。

「僕は見る気がしなかったんですが、友人が開いてるドアの中を覗いて、『こんなところで何やってるの？』と言いました。手伝いを頼んでいたもう一人が、隣の部屋に上がり込んでいたんです。そいつが廊下に出てきて言うことには、こっちの部屋の方が騒がしかったから、ここだろうと思って入ったら、家具も何もなくてがらんとしてる。自分は来る時刻を間違えて、もう引っ越しは済んでしまったのかと思ったが、だったらさっき聞こえた騒ぎは何だろう、と。不思議だったから部屋を見回していたんだそうです」

これで話はお終いだろうと私は思った。しかし、田中さんはまだ続きがあると言った。

「何が怖いって、引っ越し先の隣人が、また〈田中実〉だったんですよ！　そんなことってありえますか？　すぐにそこからも引っ越しましたよ。死なれちゃかなわないから」

烏《からす》の置き土産

息子が四歳になるまで住んでいた麻布十番のマンションのベランダには、よく一羽の烏《からす》がやってきた。ベランダのフェンスに引っ掛けた鉢植え用のコンテナを荒らすので、見つけるたびに追い払っていた。

烏は窓ガラスを叩いたぐらいでは逃げていかなかった。ベランダに飛び出しても、すぐには逃げずに私をじっと見ていることもあった。図々しさを憎らしく感じると同時に、私の力を推し量っているに違いないと思うと、いつか襲いかかってくるんじゃないかと恐ろしくもあった。

春、五月頃のことだったが、花を植えたコンテナの土がほじくりかえされていて、また例の烏の仕業だろうと思った。それまでにも同様のことがたびたびあったのだ。

ところが、このとき、土を直そうとしたところ真っ赤な生肉の欠片が埋められていることに初めて気づいた。

焼肉屋で出されるようなスライスされた肉だった。あっと思って、コンテナの花を植え替えることにして土を全部出してみたら、何切れも出てきた。古いものは腐って悪臭を放っている。そういえば、ここのところコバエが多いと思っていたのだ。烏の仕業だったか。

腹立たしく思いながら、土に埋まっていた肉をビニール袋に入れて捨て、花を綺麗に植え替えた。

次の日の朝、花の水やりのためにベランダに出ようとして、あやうく鳩《はと》の死骸を踏んづけそうになった。

鳩の死骸には、首がなかった。

私は悲鳴をあげた。

すると、悲鳴に応えるかのように、すぐそばで烏がカアと鳴いた。足もとに気を取られて目に入っていなかったが、さっきからそこにいたようすで、昨日、烏が肉片を埋めていたコンテナの端にとまっていたのだ。

私と目が合うと、バタバタと飛び去った。

もしやと思ってコンテナを調べると、鳩の生首が土の中に埋められていた。

なぜかそれきり、烏が来ることはなかった。

ふたたびの牛

渋谷区の笹塚《ささづか》交差点近くにある牛窪《うしくぼ》地蔵尊は心霊スポットとして知られている。一七一一年（正徳元年）一〇月に建立されたそうだが、戦国時代にはここで牛を使った股裂《またざ》きの刑が行われていたそうだ。

左右の足首に縄を掛け、それぞれの脚を縄で繋いだ牛に引っ張らせて、股を引き裂く残酷な刑罰で、血だまりが出来るからというわけではあるまいが、このような酷刑は窪地で行う習わしだったともいう。これが牛窪の地名の由来ともなっている。

地蔵尊建立の前に、牛窪に疫病が流行った。これが処刑された罪人たちの祟《たた》りだと言われたのが地蔵尊建立のきっかけだそうだ。

牛窪地蔵尊のあたりは幡ヶ谷《はたがや》地方の農民が雨乞いをする場所でもあったそうだから、パワースポットであることは間違いないが、怪奇現象がよく起こるという情報もあったから、大いに期待して訪れた。

しかし、何も起こらない。

落胆しながら帰途につき、笹塚駅から電車に乗った。午後二時の車内は空いていて、私は座席に腰を落ち着けた。すると、座ってすぐに友だちからラインが届いた。見れば、牛の写真である。友だちは家族で牧場に遊びに行き、家畜の牛を撮って送ってよこしたのだった。

しばらくして、私は乗り換えるために電車をいったん降りた。途端に、二本足のホルスタインが目に飛び込んできた。牛の着ぐるみを来た人が歩いていたのだ。

都会に変人は多い。とはいえ、また牛である。

もうないだろうと思っていたら、夫から電話が掛かってきた。

「今夜は焼肉屋に行かないか?」

なんとなく牛肉が食べたい気分になったのだという。

承諾して、再び電車に乗った。

吊革につかまり、ふと、目の前に座っている親子連れの、三つ四つに見える子供が抱きかかえているぬいぐるみが牛であることに気がついた。

幼児は私の視線に気づいて、こちらを睨み返しながら牛をしっかりと抱《かか》え直した。

安心して。取らないよ。

牛は、今はちょっと怖いからね。

手形の傷痕

二年前ほどから、昭和二〇年（一九四五）五月二五日の〈山手大空襲〉にまつわる奇譚を集めている。蒐集《しゅうしゅう》しはじめた頃は新鮮な素材を手に入れて興奮していたため、ろくに吟味もせず書いていた。あとから読み返して生半可な出来だったことに気づき、今年（二〇一七）、晶文社から上梓《じょうし》した『迷家《まよいが》奇譚』では、あえて書かなくてもよいと判断した。

しかし、当初の予定では収録することになっており、担当編集者も山手大空襲の話が入るものと承知して、目次を立てていた。

私はページ数が足りていることを理由に、計画を変更したいと申し出た。担当編集者は快諾してくれた――これが今年の三月十一日の夕刻のことで、私は担当編集者に電話で相談したのだった。

その時点で『迷家奇譚』の原稿はすべて書きあがったことになり、私は久しぶりに家族と近所のレストランに行き、ワインを飲んだ。

そのレストランやうちのマンションのある辺りも、山手大空襲の折には建物はことごとく焼き払われ、多くの死傷者が出た地域だ。焼夷弾《しょういだん》の重油と焼死体から流れ出る皮脂が混ざった黒い油脂が、地面を網の目状に覆っていたそうだ。雨水や生活排水を流す溝に、黒焦げになった人の死骸がみっちり詰まっていたという話もある。

書かないことにした話を反芻《はんすう》しながら、ほろ酔いで自宅マンションに戻った。たしか夜の一〇時くらいだったと思う。

うちのマンションの建物は横に長く、エレベーターが三基ある。エントランス・ホールの奥に一基、ホールの右手にある五、六段の短い階段を下りた先に続く長い廊下沿いに二基。我が家は廊下のいちばん突き当りのエレベーターで昇った上階にある。

私は家族のしんがりを歩いていた。夫と息子が先に階段を下りた。二人が廊下を進みだしたとき、私はまだ階段の上にいた。

そのとき、何者かが私の左足の足首を強くつかんだ。

声も出なかった。私は階段を転げ落ち、何が何やらわからぬうちに側頭部を廊下の壁に打ちつけ、左手の中指の生爪を剥《は》いだ。意識朦朧《もうろう》として廊下に倒れ伏したところを、夫に抱え起こされた。「大丈夫か」と夫は私に声を掛けてきたが、大丈夫なわけがなかった。

足首の異様な傷痕に気づいたのは、生爪が剥がれた指の応急処置を終えたあとだった。赤く爛《ただ》れて、地腫《じば》れがし、ところどころ表皮が剥《む》けて出血している。水泡も出来ており、一見して火傷だとわかる傷だが、火傷をするわけがないので、わけがわからない。

はじめは、足首からくるぶしにかけて複数の傷があると思ったが、よく見ると五本の指を備えた手の痕になっていた。

ためしに、自分の左足の踵《かかと》に左手の掌《てのひら》をあてて、親指を内側のくるぶしに置いて足首を握り締めると、手形の輪郭は私の手より一センチぐらい大きくはみだした。

私より手が大きい何者かが、階段を下りようとする私の足首を下からつかんだのだ。

翌日、私は担当編集者に電話をかけて、山手大空襲の話を書かないと決めた途端に怪我をしたので、怖いから、やはり書くことにしたいと伝えた。

担当編集者は理解を示し、だったら、本の前書きと後書きの代わりになる掌編を書いたらどうかと私に勧めた。

一冊の本を、柳田國男が『遠野物語』で描いた〈マヨヒガ（迷い家）〉に見立てて、入口と出口を設けるという意味のある提案だったから、私は賛同して、さっそく二本の掌編を書いた。そして、本の出口にあたる最後の掌編に、「死屍累々として、街路樹は焼け落ちている」という山手大空襲の描写を入れた。

これは当初、予定していた山手大空襲の逸話ではなかった。手形の警告は恐ろしかったが、優れた提案の方を優先するのは作家として当然だと思った。

怪我は幸い、どれも順調に癒えていった。生爪を剥いだところなど、痕も残らなかった。ただし、左の足首の手形だけは、傷痕が残ってしまった。

火傷の痕というと、ケロイドを想起するが、うっすらと黒ずんだシミになった。手の影が皮膚に映っているかのようでもある。

この傷痕を見るたび、私は、表参道の石灯籠《いしとうろう》には山手大空襲で焼け死んだ人の影が残っている、という話を思い起こすのだ。

山田浅右衛門《あさえもん》

池袋の祥雲寺《しょううんじ》には、歴代の山田浅右衛門《あさえもん》の系譜を書いた〈浅右衛門之碑〉がある。

山田浅右衛門は、柴田錬三郎氏『首切り浅右衛門』(講談社文庫)など数々の小説に登場し、時代劇漫画『子連れ狼』の主人公・拝一刀《おがみいっとう》のモデルだという説があるが、実在の人物である。

その名前は「御様御用《おためしごよう》」という刀剣の試し斬り役と共に襲名されたので、初代から数えて八代目までが、祥雲寺〈浅右衛門之碑〉に記されている。

一七三六年(元文一)に初代浅右衛門が「御様御用」を息子に世襲させることを幕府が許可してからというもの、幕末まで、歴代の山田浅右衛門は皆、浪人の身分のままだった。二代浅右衛門が八代将軍徳川吉宗の前で試し斬りを披露したことまであるというのに、だ。

浪人には、俸禄《ほうろく》である「知行《ちぎょう》」が藩主や出仕先の殿様をはじめ何処からも出ないから、貧しく無名であるのが当たり前だが、山田浅右衛門は碑が建てられるほど高名であり、大名に匹敵するほどの富を得ていた。

山田浅右衛門は、公儀である「御様御用」については幕府から金銀を拝領していたほか、死刑執行人・処刑代行人としても録を受けていた。しかし最も大きく収益をあげていたのは、伝馬町《てんまちょう》の牢内で採取した死人の臓器などの売買だったという。

江戸時代まで、人体と臓腑の各部位はさまざまな薬効があるとされ、薬品として流通していた。よく知られていたのは内臓からこしらえる〈人膽《にんたん》〉もしくは〈人胆《じんたん》〉で、山田浅右衛門も、〈人肝丸《じんたんがん》〉という丸薬を製造・販売して荒稼ぎしたと言われている。

死体から肝臓を抜き出し、陰干しして乾燥させ、しかる後にすり潰して粉末にして、ツナギを入れてよく練り、丸めたのが山田家特製〈人肝丸〉。

梅毒や結核など、当時は罹《かか》れば命取りだった病の特効薬だと謳《うた》って、高い値段をつけて売りまくったのである。処刑するのも腑分けするのも薬として売るのも自分たちだから、効率の良い家内製手工業なのだった。

江戸時代から近代まで、〈人肝〉の効能は広く信じられ、たとえ手にしたことがなく、原材料や効果のほどを知らなくとも、「よく効く薬」として庶民に名前が浸透していた。

一説によれば、音読を同じくする口中清涼剤「仁丹」の商品名の由来は、〈人肝〉だそうだ。「仁丹」は今でこそ極めて小粒で銀色をしているが、一九〇五年（明治三八）に発売された当初は、赤い大粒の丸薬だったのだという。

祥雲寺の碑文に名前が記されていない九代目山田浅右衛門吉亮《よしふさ》は、大久保利通《としみち》を暗殺した「紀尾井坂《きおいざか》の変」の実行犯たちや「希代の毒婦」高橋お伝に刑を執行した、明治時代の人である。

明治政府は一八七〇年（明治三）四月に、〈人肝丸〉の原材料となる死体の臓器の密売を禁じ、一八八二年（明治一五）には試し切りも厳禁とすることを公布した。しかし斬首刑は高橋お伝を処刑した一八七九年（明治一二）まで継続されたので、山田家はしばらくの間、血なまぐさい仕事を請け負い続けたのである。

一九〇八年（明治四一）七月一〇日付の「報知新聞」夕刊に、「首斬《くびきり》朝右衛門」という、九代目の吉亮のインタビュー記事が掲載された。「浅」と「朝」の違いがあるが、山田朝右衛門と名乗ることもあったとのこと。

どうやら、当時、山田家の屋敷には真夜中になると幽霊が出て騒ぐと噂されていたらしい。いわゆる騒霊めいた怪談だが、山田家では斬首刑のあった日に芸者を呼んで若い弟子たちと夜を徹してどんちゃん騒ぎをする習慣があり、深夜の大騒ぎを不審に思った近隣の人々が誤解して広まった噂のようだ。

新聞のインタビューでは、怨霊が怖いからと、一晩中騒いで怖さを誤魔化《ごまか》していたわけでもないと吉亮は述べている。

「手前共《ども》の麹町区平河町一丁目の邸に幽霊が出ると世間での評判は道理千万、手前にしたところで齢《よわい》十二歳から幕府の届出を十五歳と披露して斬り始めた、されば三百有余人の怨霊取付くものなら今日まで命が幾《いく》つあっても足りる訳のものではありますまい」

山田家には、仏壇にその日のうちに処刑する受刑者の人数分の蝋燭《ろうそく》を灯しておく習慣があった。処刑場で一つ首を刎《は》ねるごとに、仏壇の蝋燭がひとりでに一本ずつ消えてき、すべての灯が消えると間もなく浅右衛門が帰ってきたという。

ジンタンの遺灰

山田浅右衛門の〈人肝丸《じんたんがん》〉や口中清涼剤「仁丹」のことを書いたので、ついでに。私が昔飼っていた猫の名前も「ジンタン」といった。仔猫のとき小さくて体つきが丸く、銀灰色と焦げ茶が縞《しま》になった毛並みから、なんとなく銀色の「仁丹」を連想してその名を付けた。

ジンタンは五歳を目前にして腎臓病で死んだ。まだまだ生きられる歳だったから不憫《ふびん》でならなかった。忠犬のように私の帰りを待っており、玄関に迎えにくる猫だった。元気な頃はやんちゃで食いしん坊で、長じるにつれ狸《たぬき》に似てきた。食事するときも寝るときも、私たちはいつも一緒だった。最期のときは、私が仕事から帰るとすぐに手の中で息を引き取った。私が帰るまで死ぬのを堪《こら》えていたのだとわかり、切なかった。

ジンタンは痩せて小さくなっていたから、短靴が入っていた靴箱に亡骸《なきがら》がすっぽりと納まった。花とお気に入りのおもちゃを入れて蓋《ふた》をして、風呂敷で包《くる》んで、高尾霊園龍雲山髙乗寺でお経をあげてもらい、火葬にした。

そのまま境内にある犬猫霊園の共同墓地に納めることも出来たけれど、どうしても別れ難く、私は骨壺を自宅に持ち帰り、額に入れた生前の写真と並べて書き物机の上に置いて、朝な夕なに話しかけた。

しかし間もなく、私は当時の夫と離婚して、実家に戻ることになった。そのとき諸事情あって、一日のうちに荷造りして家を去った方がいいという緊急の状況に陥り、ジンタンの骨壺を抱いて行く余裕がなかった。

心が破れて血が流れるかという気がしたが、私は骨壺の蓋にしっかりとガムテープで目張りをし、ぐるぐると藤色の風呂敷で包んで紐《ひも》で縛り、ダンボール箱に詰め込んで、振り捨てるように宅配便で実家に送ってしまった。

私は実家で骨壺が届くのを待った。翌日、日が暮れて、もう今日は来ないのかとあきらめかけた頃になって届き、すぐにジンタンを出してやらねばと思い、私は急いでダンボール箱を開けた。

ダンボールの中に白い粉が少し落ちていた。藤色の風呂敷の表面も粉にまみれている。震える手で紐と風呂敷を解いてみると、骨壺が現われた。目張りは剥がれていなかった。

なのに、風呂敷の中には手ですくえるほど粉が——遺灰がこぼれていたのだった。

山に葬る

西條八十《やそ》の童謡『かなりや』の歌詞の一番に、「後ろの山」というフレーズが出てくる。「唄を忘れた金絲雀《カナリヤ》はうしろの山に棄《す》てましょか。いえ、いえ、それはなりませぬ」

ここでは「後ろの山」は、物理的に家の裏山を思い描かせながら、死の領域である彼岸に繋がる闇の世界をイメージさせている。

私が育った八王子市の実家近くにある山も、そんな感じだ。ただし、「後ろ」ではなく家の「前」にあって、鑓水峠《やりみずとうげ》で知られる大塚山の山裾のことだが。

私が子供の頃は、飼っていた小動物が死ぬと、この山に持っていって、適当なところに穴を掘って埋めていた。

祖父が飼っていたカナリヤも、下駄箱の上の水槽で泳いでいた金魚も、つかまえてきたトカゲも、カブトムシも、ザリガニも、亀も、死骸はどれも山に埋めた。

近所の家でも、同じことをしていたと思う。

鑓水峠には古くは浜街道、今は「絹の道」の通称で知られる道があり、途中に幽霊が出るという噂の「道了堂《どうりょうどう》」というお堂があった。一九八三年（昭和五八）にお堂が取り壊されて撤去され「大塚山公園」として整備し直されたが、私の子供時代には、かなり前から廃屋になってはいたものの、恰好の遊び場として近在の子供らに愛されていた。

小動物の死骸を道了堂まで持っていくことは稀《まれ》だった。もっと手前の、いい加減なところに埋めてしまうことが多かった。死んだペットに対する愛着が乏しければ乏しいほど、弔い方が適当になった。

しかし、あまりにいい加減だと烏《からす》や野犬の餌《えさ》になってしまう。いちどなど、体長二〇センチぐらいに育って死んだ水亀を家の正面の山裾に浅く埋めたら、烏が掘り起こして、くわえて飛びあがったかと思うと、うちの前の舗道に落とした。

烏は賢いから、コンクリートに落として亀の甲羅を割ったのである。亀の臓器や甲羅のかけらが門を出てすぐのところに飛び散って、一面に臭気を漂わせて本当に酷いことになった。

私は反省し、次からはもっと山の奥に持っていって、深く埋めるようになった。

小学四年か五年生の夏休み少し手前、隣家の少年と協力して飼っていた蛇《へび》が死んだ。

私と彼は、蛇の死骸を道了堂まで持っていって、お堂の縁の下に埋めた。

縁側の下の地面は粒子の細かい砂土で、アリジゴクが何匹も巣を作って棲《す》んでいた。

私たちは当時、アリジゴク釣りに夢中だったのだ。

死んだ蛇は子供の親指ほどの太さで長さ三〇センチほどのヤマカガシの仔蛇で、尻尾の先をつまんで、すり鉢状になったアリジゴクの巣の中心に垂らすと、さっそくアリジゴクが棘《とげ》のついた鋏《はさみ》のような顎を突き出してきた。

アリジゴクの体長は二センチあるかないかだから、三〇センチの蛇は餌としては大きすぎる。しかしアリジゴクは果敢に挑んできて、死んだ仔蛇の鼻先を顎で捉えると、巣の中に引き摺り込みはじめた。

ズルズルッ、ズルズルッと、仔蛇の体が地面に呑まれていく。

いつもと違い、私たちはアリジゴクを釣り上げず、蛇が見えなくなるまで、息を殺して見守った。

巣がそんなに深いわけがなさそうなのに、やがて仔蛇は完全に見えなくなった。

不思議である。そこで、私たちは疑問を解消するために、巣を掘り起こしてみた。

ところが、掘れども掘れども、仔蛇の死骸もアリジゴクも出てこない。

だいぶ掘り返してみたが見つからないので疲れてやめたが、どうしても納得がいかない。どこに消えてしまったのか、見当もつかなかった。

道了堂は、堂守《どうもり》のお婆さんが一九六三年（昭和三八）に殺害されてから無人になり、一九七三年（同四八）には境内の付近に若い女性の死体が遺棄された。大学教授が不倫相手の女子大生を殺害して、死体をこの山に棄《す》てに来たのだ。

幽霊が目撃されだしたのは、それからだ。

アリジゴクの一件を思うと、「教授、縁の下が正解だったかもしれませんよ」と教えてあげたいような気がする、と言ったらあまりにも不謹慎だろうか。

落ちていた手紙

SNSで知り合った彼は四五歳。既婚で妻と一子があり、都内の大手ショッピングモールの営業部に勤めている。とくに美形ではないが、笑顔が底抜けに明るく、活舌よく正確な標準語を話す人で、育ちの良さが全身から滲《にじ》み出ている。

本人が気づいていないところで周囲の女たちから密かにモテていそうだと思ったら、彼の体験談はやはり女性がらみの話だった。

東日本大震災があった二〇一一年（平成二三）の三月下旬にさしかかった頃のこと。

当時はまだ、たまに思い出したように余震があり、その頃配属されていた渋谷区の店舗では客足が落ち、辞めて田舎に帰ってしまうスタッフも複数出て、彼は落ち着かない心地のまま、なんとか仕事を通常運転に戻そうとして足掻《あが》いていた。

妻子は妻の郷里の小田原にいた。妻がしばらく実家に帰りたいと言ったのだ。長男は三歳になったばかりの可愛い盛りだったから離れて暮らすのは辛いと思ったが、震災後にひどく神経質になってしまった妻に涙目で懇願されて、反対できなかった。

「二人が行ってしまうと寂しくて仕方がなく、誰かに聞いてもらいたくて、職場で妻が子供を連れて田舎に帰ったと話したんです。僕も精神状態が不安定だったのかな……。別々の場所で、いろんな人に打ち明けてしまいました」

彼は毎日、ショッピングモールに出店している各ショップの責任者と顔を合わせる。全員と親しく口をきくわけでもなかったが、積極的に話しかけられれば、にこやかに会話に応じてきた。いくつかのショップの店長や副店長とは、よく話していた。

妻子を田舎に帰して三日ほどして、昼食後に営業部のオフィスに戻ると、自分のデスクに封筒が置いてあった。手に取ると、近くにいた同僚が、「どこかの売り場の床に落ちてたんだって」と言った。買い物客が拾って、一階の案内所に届けてくれたのだという。

四角い洋封筒で、確かに自分の名前が表書きされ、このショッピングモールの名称と営業部という部署名も美しい筆跡で書かれていたが、番地は書かれておらず、切手も貼られていなかった。

「差出人の名前を見たとき、アレッと思いました。なんとなく覚えがあったんです。誰だったかなぁと首を捻《ひね》りながら封筒を開けたら、花の絵がついた便箋が出てきて、封筒の字も綺麗だし、名前からして女性だなぁと思いながら畳んであるのを開いたら……」

単に情熱的という範囲を超えた、熱烈すぎるラブレターだった。

彼は慌てて手紙を封筒に戻し、鞄《かばん》の奥に突っ込んだ。

「誰かに見られたらイヤだから。ラブレターだし、それに、僕を想いながら自慰してることを匂わせるようなことまで書かれていて常軌を逸してたし、他人が見たら、僕が揶揄されるか書いた女性が笑いものになるかわからないけど、どっちにしても避けたかった」

手紙の内容は、彼が妻子を実家に帰らせたことにも触れていた。彼は誰彼となく打ち明けてしまったことを後悔した。

「でもね、封筒に書いてある名前の人は、僕と仲の良い店長さんたちの中にはいませんでした。だから近くで会話を聞いていた店員さんかもしれないと思いました」

その日は、手紙のことは誰にも何も話さなかった。それから何事も無ければ、ずっと黙っているつもりだった。

しかし、翌日も、その翌日も、手紙が営業部に届けられた。三日続けてとなると、同僚や上司も黙っていなかった。差出人は誰か、どんな内容かと問われ、彼はおおよそのことを白状させられてしまった。

「誰にも嗤《わら》われませんでした。差出人は異常者で、一種のストーカーだろうと皆の意見がまとまり、上司の判断で、常駐している警備保障会社の人に相談することになりました」

警備保障会社のスタッフは、すぐに防犯カメラの録画をチェックしはじめた。何かわかったら知らせてもらうことにして、仕事をしながら待っていたところ、約一時間後、女性が手紙を落とすところが映っていたという知らせが届いた。

彼は上司と一緒に問題の画像を見せてもらった。

「結論から言うと、女性は妻の唯一の幼なじみで郷里の親友でした。妻から話を聞いたり写真を見せてもらったり、結婚式のときの一度きりですが、会ったこともありました。ところが僕の上司によると、彼女はこのショッピングモールの常連客なんです。少なくとも三年前から、週に一度か二度は見掛ける顔だと言われて、でも、僕は一回も見たことありませんと言ったら、おまえには気づかれないようにしてたんだろうって言うんですよ」

三年前といえば、息子が生まれた頃である。そんなに前から、小田原から時間をかけて、わざわざ渋谷区のショッピングモールまで来て、自分のことを盗み見ていたのかと思うと、筆跡だけしか知らなかったときより数段、恐ろしくなった。

彼はすぐに妻の実家に電話を掛けた。そして今さっき妻が息子を連れて出かけてしまったことがわかると、とりあえず電話口に出た姑《しゅうとめ》に事情を説明した。

姑は妻の幼なじみをよく知っていた。親同士の付き合いが今でもあり、数年前から、彼女が重度の精神疾患を患っていることも把握していた。

手紙を出したり、つきまとったりすることをやめさせられないか彼女の親に相談してみると姑が言ってくれたので、彼は少し安心して電話を終えた。

「小田原の妻の実家に電話をしたのは午後の四時頃でした。これで止《や》んでくれたらいいと思っていました。まさか、その直後に、妻と彼女が会う約束をしていたなんて……。妻の方から、なんの悪気も無く、幼なじみを夕食に誘ったそうですよ。息子に会わせたいと言って、小田原市内のレストランに呼び出したんだそうです。彼女は渋谷区の僕のショッピングモールに正午前に現れて、手紙を落とし、小田原にとんぼ返りしたんですね。そして妻と息子に会い、僕と妻が不仲になったわけではないと悟ったのでしょう」

彼の妻子と食後に別れてから、彼女の行方は杳《よう》として知れない。

「ただ、もう一度だけ手紙が届きました。また同じやり方でしたが、便箋は白紙で、今度は防犯カメラに彼女が手紙を床に落とすところは映っていませんでした。手紙を拾った人が案内所に届けたことは確かなので、とても不思議ですが……」

最後に手紙をショッピングモールに持ってきたときには、すでに彼女は死んでいたのだと思う。

そう呟いて、彼は気の毒そうな表情をした。

ひばり号

最近、SNSで知り合った佐藤さんという男性が、この夏一周忌を迎えたからと言って、末期癌《がん》だった生前の母を渋谷に連れていったときの体験談を語ってくれた。

「母は生まれも育ちも渋谷で、実家があるうちは年に数回は渋谷に帰っていました。僕が高一のときだから三〇年以上前のことになりますが、祖父母が寿命で亡くなって相続税の関係で実家の土地を手放し、その直後に家族で海外に移住したせいもあって、母は渋谷といったん縁が切れたんです。けれども、一昨年の暮れ、七四歳になったときに癌が見つかると、母はもうこんな歳だから手術はしたくないと言い、故郷に帰ることを望みました」

佐藤さんは二〇代後半で帰国して、日本で働いていた。昨年（二〇一六年）の春、彼は両親を東京の自宅に呼び寄せて、一緒に暮らし始めた。

と言っても、母はほとんどの時間をベッドで過ごすことになった。

「そもそも高齢ですからね……。父は今でも矍鑠《かくしゃく》としたものですが、母は弱っていました。七月になると、寿命を悟ったんでしょうか、目が見えるうちに渋谷に行きたいとしきりに僕や父に訴えるようになったんです。こんな暑い時期に外に連れ出すなんて、母を殺すようなものだとも思いましたが、何十年ぶりかで故郷に帰って、もうじき逝ってしまう母の最後の望みです。アメリカに住んでいる姉にも帰国してもらって、家族全員で渋谷に行くことにしました」

車椅子を載せられる大型のタクシーを予約し、四人で渋谷の駅前を訪れた。

「僕と姉は心配してたんですよ。母が記憶している渋谷と今の渋谷は違います。とくに今は駅の辺りを工事していて風景が汚いから、母ががっかりしてしまうんじゃないかと。でも、タクシーから降ろしてあげた途端、母はうっとりした眼差しを駅舎の上に投げ掛けて、こう言いました。『ひばり号だわ！　ああ、懐かしい！』って……。目をキラキラさせて、子供みたいな無邪気な表情で、暫《しばら》く景色を眺めていたんですけど、そのうち『眠い』と言い始めたので、すぐに帰りました」

空中ケーブルカー〈ひばり号〉は一九五一年（昭和二六）八月二五日に開業。東横百貨店（現、東急東横店東館）屋上と、隣の玉電ビル（現、東急東横店西館）屋上を結び、乗客は子供限定、定員一二名で運行して人気を博したが、一九五三年、玉電ビルの大増築工事に伴って廃止された。

佐藤さんは〈ひばり号〉がなんなのかさえ知らなかったが、その夜、不思議な夢を見た。

小学校四、五年生くらいの活発そうな少女が隣に立ち、昼間の母と同じように、「ひばり号だわ！」と歓声をあげて何かの建物の屋上の上を指差すのだ。

そこにはオレンジ色をした寸詰まりの何かの乗り物があって、やがてそれが、ゆっくりゆっくり動き出す。

背景は抜けるような夏空だ。〈ひばり号〉が宙を滑り出すと、真っ青な天蓋にオレンジ色のボディカラーが映えて、なんとも楽しいのどかな景色なのだった。

「今年は絶対に乗るからね！」と少女は宣言し、「あなたは小さすぎるからまだ無理ね」と佐藤さんを見下ろした。気づけば、夢の中で、彼は幼児になっていた。

少女は、「渋谷に住んでてよかった。毎日ひばり号を見られるから」と呟いた。

翌日、母は眠るように息を引き取った。

佐藤さんは、母の死後にインターネットで検索して購入した、『渋谷の記憶　1』という写真集を見せてくれた。表紙のカバーは、白黒写真の〈ひばり号〉である。

「本当はオレンジ色なんですよ」と言って、佐藤さんは微笑んだ。

洋館の祟《たた》り

福島県福島市にある通称〈弁天山の洋館〉は、昭和時代から地元では知る人ぞ知る心霊スポットだったが、一〇年前（二〇〇七年）に稲川淳二氏が自身のビデオシリーズ「恐怖の現場」で取り上げたことで一気に全国的に有名になった。

二〇〇九年（平成二一）頃、当時、都内の専門学校に通っていた石倉さんは、オカルト好きな仲間たち四人と〈弁天山の洋館〉を訪れた。

仲間のうち、リーダー格のひとりが福島市出身で、彼がお盆に合わせて里帰りするのに便乗して皆で東京からついていったのだ。リーダーは過去にもここを訪れたことがあり、館の建物の中で悪霊退散のお札を見たと話していた。『恐怖の現場』で〈弁天山の洋館〉を知った石倉さんはリーダーの話を聞いて、「稲川淳二さんと同じだ！」と興奮した。

「凄くドキドキして、そりゃあ少しは怖いんだけど、はしゃいでました。リーダーが車の運転が出来たから、リーダーの家に泊めてもらったあと、翌朝、近くまで車でドライブして、途中から歩きで……。問題の洋館風の建物や、ビデオでも紹介されていた敷地内の神社は、とっても不気味で雰囲気満点でしたよ。でも真っ昼間でしたし、僕を入れて五人でワーワー言いながら現場を探検するうちに、僕はちっとも怖くなってきました。だけど、リーダーが途中で急に、『帰るぞ！』と言い出して、理由を訊いても教えてくれず、とにかく『帰る』の一点張りになったので、まだ陽が高かったけど、山を下りて引き揚げたんです」

石倉さんと他の三人は、日が沈むまで居て、怪奇現象に遭《あ》う気満々だったので不満だった。ただ、リーダーが急に血相を変えて帰りたがったことが、怖いと言えば怖かった。

石倉さんたちは、何か奇妙なものを見たのではないかとリーダーを追及した。

するとリーダーは「窓のところに生首があって、僕らのことを睨んでいた。気づいた瞬間、『これはもう祟《たた》られる、逃げられない』とわかった」と話して、声をあげて泣きはじめた。「ごめんね、皆。連れてきてごめん！」と謝りながら泣くのである。

恐ろしくてたまらず、石倉さんたち四人は予定を切り上げて東京に戻った。

帰郷から六日後、福島市の実家に残ったリーダーの訃報《ふほう》が届いた。車を運転中、ガードレールを破壊して山肌に突っ込み、即死だったということだ。

石倉さんはリーダーの葬儀に駆けつけたいと思ったが、その頃付き合っていた恋人と海水浴に行く約束をしていたので、迷った挙句、香典を送るだけにした。

他の三人も、いろいろ理由をつけて、葬式には行かなかった。先輩が死んだから弁天山に近づくのが怖くなったのだと思う、と石倉さんは推測している。

「その後しばらくは何にも起きなかったんです。でも一年後のちょうど同じ頃、三人のうちのひとりがスズメバチに刺されてアナフィラキシーショックで亡くなり、それから一年後の同じ時期に、またひとり、自殺してしまいました。そこで僕ともうひとりは話し合って、一緒に神社でお祓《はら》いしてもらうことにしました」

お祓いしてもらう神社を選ぶにあたって、オカルト好きな彼らは、中央区の「小網《こあみ》神社」にしようと意見が一致した。

なにしろ「小綱神社」には、第二次世界大戦の東京大空襲を受けても社殿や鳥居が焼かれず、出征した兵士のうち、ここに足を運んだ者は全員に無事に帰還したのだという。この実績があるお陰で、厄除けのための参拝客が日本全国から引きも切らずに訪れる。

「厄除《やくよ》けするなら小網神社ですよ」と石倉さんは今でも確信している。

生き残った二人は、同じ日にご祈祷の予約を入れた。しかし当日、もう一人は小網神社に来られなくなり、石倉さんだけがお祓いしてもらうことになった。

「朝から頭痛がひどくて、我慢できそうにないから病院に行くと言って……。あとから聞いた話では、僕に知らせてきた直後に嘔吐したと思ったら倒れてしまい、同居していた家族が慌てて救急車を呼んだそうです。クモ膜下出血で緊急手術しましたが、助かりませんでした。五人のうち僕だけが未だに無事です。悪い偶然だと言う人もいますが、僕には洋館の祟りだとしか思えないんですよ」

「ギューッ」

取材対象者をSNSで募集しているため、「知り合いの知り合い」にインタビューする機会が多い。「知り合いの知り合いの知り合い」となる場合もあり、そうなると一面識もないどころか、世間話や噂話の類にも出たことのない、まったく未知の人物の話となる。

今回も、高橋さんとは、SNSに彼自身が書いている自己紹介以上の情報がないままお会いした。年齢は五七歳、東京都三鷹《みたか》市在住、国立大学卒、都内メーカー勤務、一人息子は独立して地方都市で研修医をしている。

アイロンのきいたカジュアルシャツ。今日は日曜日だったことを私は思い出した。

「妻が、半年前に自殺しまして」

会ってから五分も経っていなかった。礼を失しない程度だが不自然に早口な挨拶を済ませ、喫茶店の椅子に腰を落ち着けたと思ったら……。早く語りたくてたまらないのだろうと私は察した。きっと誰にも打ち明けたことのない話をするつもりなのだ、と。

「縊死《いし》でした。発見したのは私です。仕事から帰ってきたら、風呂場で……。ついにやったか、という感じでした。私の父が亡くなってからずっとようすが変で、心療内科を受診していました。〈更年期鬱《うつ》〉と診断されていました」

「お気の毒です」

「……でも、私は家事は得意で生活自体は困らないし、妻が生きていたときより今の方が気持ちは楽です。私は妻が怖かった。父がほぼ寝たきりになり、介護が必要になってから、妻は、いろんなものの首を絞めるようになりました。首に見立てられるようなものなら何でも。最初に私が気づいたときは、妻は玄関で傘を両手で握りしめてました。傘の骨がバキバキ音を立てるぐらい、渾身《こんしん》の力でね。『何やってるの？』と言ったらハッとして我に返り、慌てて適当なことを言って誤魔化してました」

およそ二年前のことだという。父親の介護が始まったばかりの頃だそうだ。

「妻は父と折り合いが悪く、父が元気な頃はよく叱られてました。父が一方的に怒り、妻が黙り込んで、私が父をたしなめる。この繰り返しで。母の方は五年前に逝ったんですが、存命中は父に小言を言われるたびに夫婦喧嘩してました。母が死んでから、父は妻に当たるようになったようです。少しずつ酷くなったので初めは気づかなかったんですけど、気づいてみたら虐《いじ》めと言っていいレベルになっていたので、父と別居しようと思いました。でも、引っ越しの計画を実行に移す矢先に父が倒れて、なし崩しに介護生活に入ったんです」

妻の性格からすると、ストレスのはけ口として異常な行動（傘を締める）を無意識に取ってしまったのだろうと高橋さんは推測し、できるだけ優しく接して、介護にも積極的に参加するようにした。父のデイケア・サービスも頼み、妻の負担を軽くすることをこころがけた。

「けれども、止みませんでした。妻は毎日、醤油《しょうゆ》の瓶やペットボトル、鉢植えのゴムの木、なんでも手あたり次第に絞めるようになってきました。どんどんエスカレートして、そのうち、飼っていたインコが死にました」

「奥さんが首を絞めて？」

「そう思います。私は犬を飼っていました。妻も可愛がっていたんですけどね……。まさか殺すなんてことはないと思っていましたが、ある日、仕事中に妻から電話があって、犬が盗まれたと言ったんです。六歳になる中型の雑種犬ですよ？　盗みたがる人はいないでしょう。『ああ、やったな』と私は思いました。首を絞めて殺してしまったんだな、と」

高橋さんは、次は父か自分がやられるだろうと予想した。

「でも、そうはならず、庭によく来ていた野良猫が殺されました。庭先に首が異様な方向に曲がった死骸が放置してあって、妻は両腕を引っ掻《か》き傷だらけにして上がり框《かまち》に座り込んでいました。もう誤魔化せないと妻も悟ったんでしょう。私の顔を見るなり、自分から病院へ行くと言い出しました。私は、妻にもまだ正常な心があったんだと思いホッとしたんですが、それから妻は、てるてる坊主を作りはじめたんですよ」

ティッシュペーパーで、顔のないてるてる坊主を作っては捨てるようになった。

「台所に、腰の高さまである大きなゴミ箱を置いていたんですが、夜、帰宅してカップ麺を自分で作って食べて、空の容器を捨てるために蓋《ふた》を開けたら、中が真っ白で……。顔のないてるてる坊主でふちまでギッシリでした。驚いて妻のようすを見に行ったら、父が寝ているそばで一心不乱にてるてる坊主を作っていましたっけ。『最初からこうすればよかった』と妻は私に言いました。それで、もうダメだ、私も限界だと思ったそのとき、目の前で父の容態が急変しまして、救急車を呼びましたが、結局、亡くなってしまったんです」

死因は窒息死。舌が喉の後ろに落ち込んで気道を塞いだのだろうと緊急搬送先の病院

「ギューッ」

で説明を受けたが、高橋さんは納得していない。

「突然、喉を掻《か》きむしって苦しみだしたんですよ？　妻の行動がなかったら、医者の説明を信じたかもしれませんが。妻は、父が悶《もだ》え苦しんでる最中も、救急車が到着するまで、てるてる坊主を作ってました。てるてる坊主の首のところをこよりできつく結わえながら、寄り目になるほど集中して、『ギューッ、ギューッ』と呟いていました」

宇田川《うだがわ》遊歩道

渋谷は水を記憶する街だ。川は暗渠《あんきょ》になり、湿地帯はコンクリートとアスファルトで固められても尚、水の痕跡を見出せる。蛇行する川を彷彿《ほうふつ》とさせる暗渠を覆う道。沼地由来の地盤の弱さゆえに局地的に存在する安い地価の土地。

渋谷区の富ヶ谷《とみがや》一丁目界隈と神山町から宇田川町を繋ぐ〈宇田川遊歩道〉は、宇田川の暗渠の道である。川の周辺には湿地が広がっていたため地盤が弱く、大きな建造物には適さない。スポット的に地価が安い場所が点在するのは地盤の緩さゆえで、東日本大震災では建物が傾くなどの被害が出たという。

代々木公園を臨むデザイナーズマンションに住んでいた彼女にとって、〈宇田川遊歩道〉は慣れ親しんだ場所だったかもしれない。

赤レンガ色のタイル敷きの小道は原則的に車両通行が禁止されており、遊歩道の両側には洒落《しゃれ》た飲食店や個性的な雑貨店が散見される。渋谷駅界隈のように観光客やビジネスマンでごった返すこともない。近隣住民の散策コースにうってつけなのだ。

彼女が、夫の下半身を詰め込んだキャリーケースをひいて宇田川遊歩道を歩いたのは二〇〇六年（平成一八）一二月一六日土曜日の午前二時から四時の間で、気温は九度（一五日の最低気温）前後だっただろう。

一四日の朝から雨が降っていなかったから、遊歩道のタイルは乾いていたはずだ。凹《でこ》凸《ぼこ》があるタイル敷きの遊歩道は、重いキャリーケースの運搬に最適な道とは言えない。

ガコガコガコガコガコ……。

人通りの途絶えた遊歩道を彼女は急いだ。早くどこかへ捨てなければ。

ワインボトルで夫を撲殺したのは一二日の午前四時から六時の間。すでに死体は腐臭を漂わせだしていて、三日後の一五日深夜にタクシーで胴体を運んだ際にも、運転手から臭いを指摘されている。

宇田川遊歩道の中間地点より富ヶ谷交差点寄りの一角に、荒々しいまでに雑草が生い繁る空き地がある。事件当時は、ここに空き家となった二階建て家屋が建っていた。

空き家の敷地に彼女は忍び込み、夫の下半身を棄《す》てて、落ちていた植木鉢を被せた。

自宅からここまでは五〇〇メートル。徒歩で六、七分程度の距離だ。木立に囲まれた代々木公園の方がマンションから近かったが、「とにかく真っ暗に見えた」とのちに彼女は言った。

「代々木公園だけが真っ暗で、世界中に自分ひとりしかいないように思えた」

――彼女は再び暗渠の道を歩き、自宅へ引き返した。まだ頭と左腕と右手首が残っていた。この時点ですでに夜明けが近かったはずだ。彼女は左腕と右手首はゴミの集積所に捨てて、渋谷区のゴミ収集車に持っていってもらうことにした。頭は手持ち鞄に入れ、早朝、自宅最寄り駅の小田急代々木八幡《よよぎはちまん》駅から電車に乗って町田駅で下車すると、町田市内の芹ヶ谷《せりがや》公園に行き、土に穴を掘って埋めた。

遺体は、ほぼ棄てた順に見つかった。上半身が発見され、次いで下半身が発見され、一月一〇日に彼女が逮捕され、残りの部分について供述すると、頭が見つかった。

左腕と右手首は見つからなかった。

ガコガコガコガコガコ……。

あえてキャリーバッグを引きずってきた私は、キャスターが立てる騒音にうんざりしながら、宇田川遊歩道を渋谷駅方面へ進んだ。

宇田川の本流は山手線が上を通るカマボコ型のトンネルをくぐり、トンネルを出た所で渋谷川に合流して終わる。今は宇田川も渋谷川も暗渠だ。

もうすぐ遊歩道の終点だ。私はとくに理由もなく、なんとなく歩き疲れて立ち止まった。

しかし、キャスターの音は止まらなかった。

ガコガコガコガコガコガコガコガコガコ……。

背の高い女性が、キャリーバッグを引いて私を追い抜いていった。

私が死体遺棄時の行動をなぞってみた彼女、「渋谷エリートバラバラ殺人事件」の犯人も、身長一七〇センチで背が高かったという。

くだらない想像はよそうと思い、気を取り直して再び歩き出すと、前を行くキャリーバッグの女性がなぜかピタリと立ち止まった。

そのまま凍りついたように静止している。

彼女を追い越す勇気を、私は持ち合わせなかった。

そこで回れ右をして、遺体が遺棄されていた空き地の横を、脇目を振らずに通り過ぎ、富ヶ谷の交差点からタクシーに乗ったのだった。

タクシー運転手の話

「怖い体験ですか。本当にたまぁに、ですけど、辻褄《つじつま》が合わない奇妙な出来事に遭《あ》いますよ。別に霊感があるってわけじゃないと思いますけどね。聞きたいですか？

じゃあ、話します。ちょうど今通り過ぎた、青山霊園の公衆トイレ。乃木坂トンネルと根津美術館の間の道路脇にある、あそこで遭ったことです。

夏の盆の入り頃、夜中にラーメン屋のある交差点から墓地の中へ坂道を上りだしたところで四、五〇代の男性を乗せたんです。そしたら、いくらも走らないうちに、トイレに行きたいからちょっとそこで降ろしてくださいって言うから、降ろして、待ってたんですけど、なかなか出て来ないんですよ。

一〇分以上、車の中で待ちました。トイレの出入り口をずっと見てましたから、出てきたらわかるはずです。でも、一向に出てこないわけですよ。

これはトイレの中で急病で倒れちゃったか、そうは見えなかったけど実はひどく酔っ払ってて眠っちゃったかしたかな？

そう思って、車を降りて、公衆トイレに入ってみたんです。「お客さん、大丈夫ですかぁ」って声を掛けながら。返事がないから、個室も全部、覗いてみました。

でも、誰もいませんでした。どこにも行けるわけがないのにね。消えちゃいました。


それから、こんなこともありました。

広尾の日赤医療センターの前で、女性のお客さんを乗せたんです。

昼間でした。割と綺麗な、いいとこの奥さん風の女の人。銀座へ行ってくれと言うから、銀座へ行って、降ろしました。ちゃんとお代を頂戴して、変わったことと言えば行き先を言ったきり口をきかなかったことぐらい。だけど、そういうお客さんもいますから。

でもね、そこから五〇メートルも進まないうちに、今降ろしたばかりの同じお客さんが、道端で手を挙げて停めようとするじゃありませんか！

驚きましたよ。当然、車の方が人より速いんだからそんなはずないんだけど、先回りして、また乗ろうとしてるとしか思えない状況でした。似てるってレベルじゃなく、寸分違わぬ姿なんですよ。匂いまで一緒でした。病院の匂いって言えばわかります？　消毒薬臭かったんです。ええ、お乗せしましたよ。……日赤医療センターまで。今度もお金はきちんと戴きましたが、しばらく匂いが車に籠《こも》って弱っちゃいました」

変幻自在の彼

美術大学出身で二八歳の吉田さんは、学生時代に、頻繁に姿が変わる男性と交際していたことがある。

髪が伸びるのが人より少し早いとか、体重の増減が激しいとか、その程度のことではない。ごく短期間で、場合によっては一晩で、整形手術を受けたかのように顔立ちや体つきまで変わってしまうのだという。

「夜寝て、翌朝起きたら、別人みたいに変わっちゃってたこともありました」

遊びに行ったクラブで意気投合して付き合いはじめた。週に一回か二回デートして、四回目ぐらいに、初めて会ったときと外見が大きく違っていてびっくりしたのが最初だった。

「スキンヘッドになるギリギリ手前くらいの坊主頭だったのに、いきなり、顎《あご》までのワンレンになってて。『ウィッグ?』って訊いたら、違うって言って、毛を引っ張らせてくれました。本物の髪の毛でしたよ。しかも、背丈はちょっと縮んでました」

彼女はこのとき、「怖っ！」と叫んで彼を恐れた。すると彼は、たちまち悲しそうな表情になり、「無害だから、お願いだから受け容れて」と涙を浮かべて懇願した。

「かわいそうでした。確かに害はなさそうだし、お付き合いを続けようと思いました」

それから大学を卒業するまでの一年余りの間、二人は恋人関係を続けた。

彼の「変身癖」を楽しいと思えるときもあった。様々な男性と付き合っているような感じもし、まず、飽きるということがない。

「声は見た目に合わせて変わりましたが、性格は変化しなくて、穏やかな好い人でした」

好きだったと思う、と吉田さんは言う。

「でも、誰にも紹介できないことが不満でした。彼が嫌がったし、私も躊躇《ちゅうちょ》してしまって、結局、一年付き合っても友だちや家族には彼を会わせられませんでした。それと、彼は自宅で大学の通信教育を受けていましたが、卒業後のプランが何もないみたいなのに、なぜか平気そうにしていて、私の方が不安を募らせて、だんだん疲れてきちゃって」

やがて、彼女は両親から大学の卒業記念にひとりでニューヨークに行く許可をもらった。親には内緒で、彼とあちらの空港で落ち合う約束をしていたのだが、彼は現れなかった。

連絡もつかず、腹を立てた吉田さんは彼と別れる決意をし、それきり会っていない。

「お互い潮時だったんですよ。ずっと付き合っていられる相手じゃありませんでした。今はどうしているのか……。道で擦れ違っても彼だとはわからないわけなので」

K町団地　一

神奈川県川崎市の某町は、ほぼ全町域が団地の敷地になっている。現在は、県営住宅・市営住宅の他に、住宅供給公社による分譲も行われているので、団地名は伏せておく。

この団地の一号棟では、一九七四年（昭和四九）に、ペットを八階から投げ棄《す》てて殺された飼い主が、犯人の主婦に復讐した殺人事件があった。

また一九八四年（昭和五九）には、一五歳の少女が最上階の廊下から地面に転落して死亡した。この二つの事件はテレビのワイドショーでも取り上げられ、巷間《こうかん》を賑わせた。

私と同い年の女性、小嶋さんはペットの事件が起きたとき小学校一年生で、家族と一号棟に住んでいた。また、転落死した少女とは二つしか歳が離れておらず、小学生の頃まではよく一緒に遊んでいた。

「自殺だということになりましたが、一階の自分のうちで一緒に遊んでいた中学校の後輩を買い物に行かせて、戻ってくるまでの間にいちばん上の一四階に上って飛び降りたそうで。自殺する動機が不明だし、遺書も無くて、なんだか不審な死に方でした。その事件の三年ぐらい前にも、同じ団地内の他の棟で殺人事件があったし、九〇年代に入ってからも子供の転落死や自殺が多くて……。祟《たた》りだって噂は私が子供の頃からありましたし、今でもあの団地は呪われてると言う人がいるみたいです」

二〇〇〇年代に入ってからも事件や自殺が何件も起き、不吉な噂が絶えないが、両親が今も住んでいるため、独立後も小嶋さんは年に数回、団地に戻るのだという。

「団地の住人が変質者に襲われて耳を刃物で切られる事件が起きたのは、ちょうど里帰りしてたときでした。片脚にギプスをした男の人が一号棟の一階の通路に落ちて死んでいるところを発見されたときにも、偶然、実家に来てました。ギプスの人は一四階に松葉杖を置いて飛び降りたそうで、昔、一五歳の子が死んだときのことを思い出しましたよ」

同世代の「団地仲間」には、幽霊や怪奇現象に遭遇した話をする者が何人もいた。小嶋さん自身は幽霊の存在などは信じないたちだったが、最近、変なことがあったので、両親を自分の家に引き取ることを検討しているそうだ。

「ある日、お昼間でしたが、母が『人が雨みたいに何百人も空から降ってくる、どうしよう』って震え声で電話を掛けてきたので駆けつけたら、本当に実家の真下に人が転落して、救急車が呼ばれて大騒ぎになってたんですよ。落ちたのはひとりだけでしたが、その夜、私も人が無数に落ちてくる夢を見て、それから実家に帰るのが怖くなってしまって……」

K町団地　二

小嶋さんに、幽霊を見たことがあるという幼なじみの野村さんという女性を紹介してもらった。彼女は私に「(自分には)霊感がある」と言った。

「K町団地は、今は住人が高齢化して少なくなっているはずですが、私には昔みたいに大勢の人で溢れてるように見えるんです。広場とか、公園とか、団地の中の小学校とか」

野村さんと小嶋さんが三八年前まで通っていた団地内の小学校は、二〇〇六年(平成一八)に閉校して、現在は特別養護老人ホームにリニューアルされている。

「でも、私たちが通ってたマンモス校の頃のまま子供がウジャウジャいるのが私には見えるんです。大人もいるけど、老人ばっかりというわけではないです。生きてる人間じゃないということはわかりますよ。昔の人みたいに着物を着てたりモンペ姿だったりする人も混ざってるし、それに何より、全員、頭からずぶ濡れですから」

野村さんによると、「人」が水でずぶ濡れなだけでなく、団地内の地面はどこも濡れているのだそうだ。

「本当は乾いてるはずだとわかっているときでも、私の目には、ぬかるんでいるように映るんです。雨が降っているときのようだと言うよりは、まるで沼地みたいに、地面がズブズブになってるんですよ」

それを聞いて、私は野村さんの霊感は、もしかすると本物かもしれないなと思った。

なぜなら、K町団地の敷地になっている一帯は、大正時代に製鋼会社が工場地として埋め立てるまで、茫漠《ぼうばく》とした沼地だったからだ。

さらに、第二次大戦中の空襲による被害が大きかった地域でもある。川崎市の工場群は、第二次大戦中には米軍による空爆の標的にされ、一九四二年（昭和一七）、一九四四年（同一九）、一九四五年（同二〇）と三度にわたる〈川崎大空襲〉の死者は、米国戦略爆撃調査団報告書によれば合計一五二〇人。しかし近年日本側の調査では戦時中に日本全土へ繰り返された大空襲での死者は件の報告書よりだいぶ多かったことが判明したため、川崎の死者数もその限りとは言い切れないだろう。

当寺の川崎市内の各工場では、全国から勤労動員された学生も働いていた。さぞ、無念だったろう。

エクストリーム自殺

自ら命を絶つことが困難な状況だったにもかかわらず自殺と判定された事件を〈エクストリーム自殺〉と呼ぶのだそうだ。アクロバティックな「エクストリームスポーツ」から派生したネットスラングで、誰がどう見ても他殺と思えるケースが多い。

二〇〇二年（平成一四）に亡くなったアダルトビデオ女優の桃井望《のぞみ》さんの事件もその一つで、警察は自殺だと断定した。包丁で背中を刺され、着衣の上から灯油を撒かれて火を点けられて、事件直前まで乗っていたと思しき乗用車の近くにうつぶせに倒れていた遺体の状態から、たいがいの人が思い浮かべるのは他殺だろうに。

廃業したガソリンスタンドの事務所の屋根で遺体になって発見された若い女性も、自殺と判断された。二〇一一年、大阪府で起きた事件だが、死因は窒息死で、首にロープが五重に巻きつけられており、近くに杭《くい》状の構造物があったにせよ、遺体は裸足だったのに屋根には靴跡《くつあと》が残されていたというのだから怪しい。

私が何度か行ったことがある整体院の院長の年下の友人も、〈エクストリーム自殺〉

を遂げたのだという。

「彼は僕より五つ若かったから、今、生きていれば五五歳。亡くなったときは四一歳で、奥さんが風呂場で死んでいるのを見つけたんだけど、パンツ一丁の裸で首にベルトを巻きつけて頭から出血していて、死因はショック死。首を吊ろうとして失敗し、倒れた拍子に浴槽に頭をぶつけて死んだと聞かされた。でも、彼はなぜか靴を履いていたし、その日着ていたズボンや何かが見つからなかったんだ」

しかし何者かに殺されたにしては、家は荒らされておらず、怨恨の筋で思い当たることも、一つもなかった。自殺する理由もなかったが、彼の上司が三ヶ月前に自殺していたため、「触発されたのでは」とする見方も出来なくもなかった。

「上司の自殺方法もなかなかのエクストリームで、両手を後ろ手に縛って住んでたマンションから飛び降り自殺したんだって。自分で結べる結び方だから自殺でもおかしくないと警察は言ったそうだが、どうだろうね？　その後、彼がよく連絡を取り合っていた仕事の取引先の人まで奇妙なやり方で自殺したって話を聞いて、僕は、僕の友だちを含め、自殺した三人のそれぞれの奥さんを疑うようになったんだけどね。高確率で自殺ってことにしてもらえると分かったら、夫を殺したい妻なんて大勢いるだろう？」

穴八幡宮《あなはちまんぐう》縁起と婆狐――戸山公園の怪　一

新宿区にある戸山公園は一九五四年（昭和二九）に開園した都立公園だ。園内のランドマーク、標高四四・六メートルの箱根山は山手線内で最も標高が高い「山」として、あるいは桜の名所として知られる。また、広々とした園内は、東側の箱根山地区と西側の大久保地区に分けられ、それぞれに広場や池、児童遊具やアスレチックのコーナーなど見所があり、開園以来、今日まで、近在の人々から愛されている。

もっとも、公園を訪れる人々の年齢構成は昭和の高度成長期とは大きく異なる。戸山公園を取り囲むように立ち並ぶマンモス団地「戸山ハイツ」は、当初、一九四九年（昭和二四）に、第二次大戦後の住宅難を解消するために都営の集合住宅用地として造成された。

その後、東京では、昭和三〇～四〇年代に、日本経済が急成長するにつれて、都心部で働く地方出身のサラリーマンに近代的な住宅を大量に供給する必要が生じた。都内近郊に多くの団地が開発され、戸山ハイツもまた、敷地面積を拡大しながら鉄筋コンクリート造高層住宅群に生まれ変わった。

四〇年代というと、一九六七年生まれの私の幼年時代だ。

私は五、六歳まで、東京都世田谷区の公営団地「都営下馬アパート」に住んでいた。

最近、見に行ってみたら、かつて近所の子らと駆け回った団地内の通りには人影がまるでなく、不気味に静まり返っていた。

記憶にある過去の活気に満ちた光景を思うと、幽霊が出そうと言うよりも、団地そのものが幽霊になってしまったかのように感じたものだ。

新生日本の青春時代のようだった高度成長期が終わると、団地は急速に老いたのだ。

戸山ハイツで育ち、戸山公園で遊んだ子供たちも、消えてしまったようだ。園内には老人の姿が目立つ。……私も今年で五〇歳なのだから人のことは言えないけれど。

平日の昼間に戸山公園を訪れて、箱根山に登ってみた。山頂からの眺望には、戸山ハイツも入っている。「箱根山の登頂証明書を発行します」と記された案内板を見ながら、耳を澄ました。

箱根山では、不気味な男性の叫び声を耳にする人が多いという。怪奇現象や幽霊の目撃談もある。戸山ハイツを含む戸山公園一帯を心霊スポットだと言う人もいる。

怪異の噂がある土地には、古い時代から現代に至るまで、奇譚が層を成しているケースがとても多い。戸山公園界隈も然《しか》りで、奇譚とロマンに満ちた歴史を持つ。

古くは古墳時代に遡《さかのぼ》る。箱根山の北東にある丘を前方後円墳だとする説があるのだ。前方後円墳が造営された時代は三世紀末から六世紀末。古墳はパワースポットだとも言われるが、要はお墓である。神道では死を穢《けが》れとするにもかかわらず多くの神社が古墳の上に建てられている理由については諸説あるが、ここにも「穴八幡宮」というお宮がある。

穴八幡宮は、一〇六二年（康平五）に八幡太郎義家《よしいえ》こと源義家が創建したと伝えられている。社伝によると、義家公が奥州から凱旋《がいせん》する途中、日本武尊《やまとたけるのみこと》にならって兜《かぶと》と太刀を納めて八幡神をここに祀ったのだそうだ。

一六四一年（寛永一八）には、宮守の庵《いおり》（神社などを管理する別当寺）を造るために山裾を切り開いたところ洞穴が見つかり、中から金色に輝く銅製の阿弥陀《あみだ》仏《ぶつ》像が現われた。これが現在まで伝わる「穴八幡宮」の名の由来で、このときの別当寺が現在も隣接する放生寺《ほうじょうじ》。

また、同じ年に幕府の祐筆《ゆうひつ》・大橋龍慶《おおはしりゅうけい》が土地を方一〇〇間、穴八幡に献上し、壮麗な社殿を建てた折には、境内の神木の松から瑞光《ずいこう》が放たれるという奇跡が起きて、放生寺は「光松山《こうしょうざん》」と云う山号でも呼ばれるようになった。

穴八幡宮の不思議な現象はめでたいことの前兆として人々に受け容れられ、噂は三代将軍徳川家光《いえみつ》にまで届いた。家光は当宮を江戸城北の総鎮護とし、お陰をもって、穴八幡宮は長く将軍家の庇護《ひご》を得た。

穴八幡宮は今も健在で、「一陽来復《いちようらいふく》」御守が頒布される冬至から節分にかけての時期は境内に長い行列が出来る。一陽来復とは、「陰極まれば陽に転ずる（悪い時期が終わって良い方に転じていく）」という意味だが、穴八幡宮では「金銀融通の御守」と金策に有効との御利益を謳《うた》って人気を博しているのだ。

古代人の遺骨と義家公の宝物を抱《いだ》き、金色の阿弥陀仏像を生みだした奇跡のお宮・穴八幡宮の南方、つまり箱根山の南東の方角は江戸時代には牛込若松町と呼ばれ、一七九六年（寛政八）の自序（自ら書いた序文）がある国学者・津村正恭《つむらまさゆき》（淙庵《そうあん》）の随筆集『譚海《たんかい》』によれば、御旗組の同心が十人ばかり住んでいた。

今の戸山公園一帯は当時は尾張《おわり》藩徳川家の持ち物で、「外山《とやま》」と呼ばれていた。

ある若松町の同心が娘を嫁に出すことになり、輿《こし》入れの準備をする下女を召し抱えることになった。伝手《つて》のある知り合いに頼んで人集めをすると、やがてひとりの老女が連れてこられた。

人手が足りずに困っていたため、ろくに素性を確かめもせず雇ってみれば、意外にもこの老女、縫い物だろうがなんだろうが器用にこなし、働きぶりが目覚ましい。

さらに老女の生家からは、主人の家族だけでなく下働きの者たちにも行きわたるほど大量の魚や贅沢な食材がしょっちゅう送られてきた。

同心の家族は、「よい人が来てくれた」と喜んだが、あまりにも出来過ぎているようにも感じた。しかし老女のことは皆して気に入っていたので、強いて問い詰めることもないと思っていた。

そのうち輿入れ当日になった。嫁入り先に老女もついていくことが決まっていたのだが、いざ駕籠《かご》に娘が乗り込む段になってみると、姿がどこにも見当たらない。

老女は消えてしまい、皆で手分けして探しつづけたが、結局、一ヶ月経っても見つからなかった。探しようがないのは出自も何もわからないからだが、身許をきちんと聞かずに雇ってしまったことがそもそも奇妙だ。老女には不審な点が多々あったことに、人々はあらためて気がついた。

その頃から、次第に怪しい噂話が囁《ささや》かれだした。

「昔からこの土地には〈外山ヶ原の婆狐〉というものがいるらしい……」

老女が狐の化物で、あやかしの類《たぐい》であれば、何をやらせても抜きんでて優秀であったり、故郷から山海の珍味が頻繁に届けられたりといった奇妙なことの説明がつく。

たぶんそういうことなのだ、と、皆、納得せざるを得なかったそうだ。

外山屋敷怪談——戸山公園の怪　二

根岸肥前守鎮衛《ひぜんのかみやすもり》の『耳嚢《みみぶくろ》』は現代でもファンが多く、岩波文庫から注釈付きの物が上・中・下巻で出ている。この下巻に収録された「外山《とやま》屋敷怪談の事」という話は、「尾州《びしゅう》外山の御屋鋪《やしき》、名だゝる廣大の事にて、五十三次の景色其《その》外山水の眺望疑ひなしとかや」で始まるとおり、戸山公園の元となった尾張《おわり》藩徳川家の下《しも》屋敷とその庭園「戸山山荘」を舞台にしている。

尾張藩徳川家の二代藩主徳川光友《みつとも》が造らせた回遊式庭園「戸山山荘」には、箱根の山に見立てた築山《つきやま》・玉円峰《ぎょくえんぽう》（現在の箱根山）や小田原宿を模した建物など、東海道をテーマにした二五景が設けられていた。

後には水害や火災に遭うことが度重なり、尾張藩の財政が悪化したせいもあって、戸山山荘は荒廃し、復興されることはなかった。

「外山屋敷怪談の事」の出だしを現代語に意訳すれば、「広大な敷地に東海道五十三次の景色をしつらえ、その他の山水の造景の眺望も麗《うるわ》しい、尾張藩徳川家の戸山のお屋敷に上様が御成りになったことがある」ということで、一時は小石川上《かみ》屋敷と肩を並べる風光明媚《めいび》な大名庭園として名高く、一七八九年から一八〇一年の寛政年間には一一代将軍徳川家斉《いえなり》の訪問を受けたそうだ。『耳嚢』で描かれた出来事があったのは、栄華をきわめた頃だと思われる。

以下に逸話の続きを紹介しようと思う。

――上様が訪れる可能性がある場所は、事前にしっかり検分する必要がある。「戸山山荘」に御成りになることが決まると、大奥検分方の頭取・夏目 某《なにがし》という御仁が派遣されてきた。

尾張徳川家の役人が夏目某に「戸山山荘」の随所を案内して回る。やがて彼らは、うら寂しい田舎の景色を人工的に再現した一画に差し掛かった……と、そこにある祠《ほこら》を夏目某が見咎《みとが》めた。

まず、その祠は人工のテーマパークである戸山山荘らしからぬ本物っぽさがあった。使われている木材や建て方が古びていて作り物に見えない。そのうえ扉に錠を掛けて封印してあるのだから怪しい。

夏目某は気丈なたちだったから、ただちに、なぜこの祠は錠を掛けて封じられているのかと案内役の役人に訊ねた。

役人は、昔、聖人がこれに邪神を封じ込めたという伝説があり、未だかつて錠を開けて中を見た者はいないと聞いている、と笑いながらまことしやかに答えた。

これが癇《かん》に障った夏目某。「そんなことが、あるわけがない！」と一喝。「上様がそれは何かと尋ねられたらどうするつもりか！」と役人を叱りつけた。

つまり祠を開けさせろということだとわかり、案内役は止めようとした。しかし夏目某はますます語気を強めて、「こういう物を検《あらた》めるために私がいるのだから、鍵を寄越せ！」と迫る。

そこで役人は仕方なく夏目某に鍵を渡した。夏目某はさっそく錠を開けて扉の中を覗いたのだが、何かに驚いたようすを見せたかと思うと、大急ぎで祠の扉を閉め、元のように錠を掛けてしまった。

後に、祠の中に何が見えたのか夏目某に聞いてみたところ、「何か真っ黒なモノが頭をグッとこちらに突き出してきたのだが、そいつときたら眼の光が尋常ではなく、あたりを照らし出すほど異様に輝いていて、恐ろしかったとしか言いようがない」と語ったとか。

しかし、筆者・根岸鎮衛が考えるに、これは怪異ではないという。

尾張家の先代か誰かが、みだりに口外してはいけない悪い品物を隠すために、人々が崇《あが》めるお社に封じていたことを夏目某は見抜き、何もかも心得た上でこんな怪談をデッチあげたのだろう――。


はたして、祠に隠されていたのは何だったのだろう？

素直に「悪敷品《あくじきひん》（原文ママ）」の正体を思い浮かべたら、南蛮由来の禁制品かキリシタン関係の像か十字架ということになるが、だったら尾張藩の役人が「笑ひて答へ（原文ママ）」るかしら？

いろいろ想像できるけれども、祠は現存せず、もはや確かめようがないのである。

箱根山だけが昔日の名残をとどめて、当時と変わらぬ場所に今もある。

人骨の叫び——戸山公園の怪　三

一八七三年（明治六）、戸山山荘跡地である戸山ヶ原に陸軍戸山学校が開かれた。それから第二次大戦が終わるまで、帝国陸軍が一貫して土地を使用し続けた。

一九二九年（昭和四）には当時の麹町《こうじまち》区にあった陸軍軍医学校が移転してきて、その三年後の一九三二年、後に悪名を轟《とどろ》かす、とある人物が総括する部署が新設された。

その人物とは、かの〈七三一部隊〉創設者・石井四郎《いしいしろう》で、彼が創った部署は陸軍軍医学校防疫部・防疫研究室。年号に直せば昭和七年のことである。

石井四郎と〈七三一部隊〉こと関東軍防疫給水部本部（満州国第七三一部隊）の名を世間に知らしめたのは、森村誠一《もりむらせいいち》氏の作「悪魔の飽食」シリーズだろう。

同作品の初出は一九八一年（昭和五六）の「しんぶん赤旗」で、後に複数の出版社が書籍化したが、掲載写真に偽物が混入していたことが発覚、回収騒ぎが起こるなどし、内容の信憑性については議論の余地がある。

しかし〈七三一部隊〉が細菌戦研究のために人体実験をしていたことを完全に否定す

る歴史学者は存在しない。悪魔のような人物だったかどうかはさておいて、医学博士であり最終階級は陸軍軍医中将だった石井四郎が〈七三一部隊〉を創設し、細菌兵器研究の指揮を執ったことは事実なのだ。

石井四郎が〈七三一部隊〉に先駆けて、同部隊とほとんど同じ研究を手掛ける機関を戸山ヶ原に創ったことは、比較的最近まで知られていなかった。

一般大衆に知られることなく研究は続けられ、そして一九四五年（昭和二〇）五月二五日、山手大空襲で戸山ヶ原一帯は焼きつくされた。

終戦からおよそ四四年の月日が過ぎた、一九八九年。

昭和の終焉、平成元年でもあるこの年、品川区にあった厚生省の予防衛生研究所庁舎が戸山公園の隣接地に移転することになった。厚生省（当時）・予防衛生研究所の初代所長が〈七三一部隊〉出身者だったのは、偶然であるにしても皮肉が効きすぎていた。さらに建設工事が始まって間もなく多数の人骨が出土するに至っては、運命の皮肉を通り越して因縁めく。

掘り出された人骨は一〇〇体分を優に超えた。首が失われた遺体も多く、頭蓋骨は六二個が発見されたのみだったが、その多くに、ドリルや鋸《のこぎり》による切創や刺創など、明らかに人為的につけられた――人体実験を思わせる傷痕《きずあと》があることが確認された。

そのうえ、ダメ押しのように、どの遺体も死後数十年以上一〇〇年未満のもので、モンゴロイド系の複数の人種が混在していたとなっては、捕虜を用いた残虐きわまる人体実験を想像するなという方が無理だった。

しかも時は七月。東京では新盆といって七月一五日にお盆を行う風習があるのだ。昭和天皇が崩御されても昭和時代を忘れるべからず……と恨みを抱いて亡くなった犠牲者の霊の仕業かと思った人もいたことだろう。

事件後、次第に戸山公園一帯は心霊スポットとしてよく知られるようになった。前々から「人魂を見た」といった怪奇現象の目撃談はあったようだが、あいまいな噂に確かな裏づけが与えられたわけである。

「夜になると、どこからともなく泣き叫ぶ声や呻《うめ》き声が聞こえてくる」

「一、二、三……と数を数える声がする」

やがて、このような、軍隊による血なまぐさい人体実験を連想させる怪異が数多く報告されるようになった。

一方、旧帝国陸軍の戦争犯罪に目を向けて問題意識を新たにしたグループもあった。〈軍医学校跡地で発見された人骨問題を究明する会〉もその一つだ。この会に対して、旧陸軍軍医学校で看護師を務めていた当時八四歳の女性が名乗り出て、「進駐軍に見つからないように人体標本を三ヶ所に埋めた」と証言したことがあった。

二〇〇六年（平成一八）のことで、「朝日新聞」（東京版・夕刊）に掲載された記事によると、女性は「半世紀以上が経ち、当時のことを知る人も少なくなった。自分の目で見て、実行したことだけを〈人骨問題を究明する会〉の方に話しました（原文ママ）」と語った。

予防衛生研究所は一九九七年（平成九）に国立感染症研究所に改名した。同研究所の敷地内には人骨の保管施設が設けられ、現在も骨の由来調査が続けられている。

しかし未だに骨の主たちの生前の名前も顔もわかっておらず、幽霊の噂は絶えることなく囁かれつづけている。人体実験は本当に行われたのだろうか。一〇〇体以上の遺骨は確かにあった。埋められていた人々はどこの誰なのか――戸山公園一帯で起こる霊現象は、「忘れることは許さない」という彼らの叫びなのかもしれない。

品川の水葬

一七一六年（享保一）に江戸で疫病が大流行して死者が八万人を超え、棺《ひつぎ》や薪《たきぎ》の製産が追いつかなくなったことから火葬も土葬も不可能に陥り、やむなく遺体の多くを築地と品川の海中に投棄した記録があるという（鈴木理生『江戸の町は骨だらけ』参照）。

当時の築地や品川辺りの海岸線は現在よりも遥かに内陸部の方へ引っ込んでいた。

品川区には、今も江戸時代に護岸の役割を果たしていた石垣の一部が残っているが、「川」の体を成している京浜運河沿いの首都高一号羽田線よりさらに内陸の、住宅街のど真ん中にあるうえ、石垣自体が個人のお宅の塀に組み入れられてしまっているので、訪れてみるとかなり戸惑う。現地には「海岸石垣の名残」と記した案内板が立っていたが、ここまで海だったというのは何の冗談か、という感じだ。

「江戸時代は、私のうちも海の中でしたね」と現地を案内してくれた私より干支《えと》で一回り年下の女性、井上さんは言った。

「私が大学院に通っていた頃、前に住んでいたマンションで転落事故がありました。その後、家族で京浜運河沿いの都営アパートに引っ越したらまた飛び降り自殺があって、母と私が偶然、遺体の第一発見者になってしまったので、同居してた祖母が『悪い運を連れてきちゃったね』と言って、『お祖母《ばあ》ちゃん、そんなこと言うもんじゃない』って、父に叱られてました。父は絶対に幽霊なんか認めないってたちでしたし、死体を見ちゃってショックを受けていた母と私を気遣ったんだと思います。祖母と母はあまり仲が良くなかったから、余計に……」

しかし、井上さん自身は祖母の言うことにも一理あると思っていた。というのも、前の転落事故の遺体と今回の飛び降り自殺には共通点があったからだ。

「どちらも、どういうわけか死体が水に浸《つ》かったみたいに濡れていたんです。前の転落の方のは近所の人の話で濡れていたって聞いただけでしたが、後の方のはこの目で見たので、間違いありません。不思議なんですよ、朝早くで、前の晩も雨なんか降っていなかったのに、びしょ濡れになってて。夜露に濡れたんだろうと父は推理してましたけど、乾いた地面で、その人のところだけ濡れてました。血も出ていましたが、それだけじゃなくて、全身、髪の毛までびっしょり。……もう一〇年も経つから平気だと思ってたけど、やっぱり思い出すと気持ち悪くなっちゃいますね」

私も飛び降り自殺直後の遺体をこの目で見たことがあるので、井上さんの気持ちはわかる。私の場合、生々しく思い出さないために、しばらくの間は口外することを避けた。井上さんと彼女の母親も、その後、滅多に死体の話をせず、なるべく思い出さないようにしていた。

「去年（二〇一六年）うちの近所の京浜運河で死体が入ったスーツケースが見つかって、テレビや新聞でニュースになったら、母の方から『ちょうど一〇年ぐらい経つね』と話しかけてきて、初めて二人で一〇年前の飛び降り自殺のことを話題にしました。母は、スーツケースの事件にも飛び降り自殺にも、どちらも水が関係するから連想したんでしょう。母も、『なんで死体が濡れていたんだろう』って言ってましたから。それで、私が見たものが幻覚や何かじゃなかったことがあらためてわかって、ホッとした面もあります。すごく変なことですけどね。……変といえば、スーツケースの事件もおかしな点があると思います。沈むように石をたくさん詰めて重石がしてあったのに、プカプカ浮いてたんですってね。早く見つけてもらいたかったのかしら？」

スーツケースの作りにもよるが、気密性が高い構造の場合は、中に空気が入っていると、多少重くしたところで沈みづらいかもしれないと私が言うと、井上さんは首を傾げた。

「……じゃあ、川を流れてたのに、スーツケースの中は乾いていたのかな。陸にあった遺体が濡れていたのにね。いったいどうして濡れていたのか……。今でもときどき考えてしまいます」

この辺りには飛び降り自殺や転落事故が多いのだと井上さんは言い、「もしも、どの遺体も濡れていたら都市伝説になりますね」と笑った。

冒頭に述べたが、江戸時代には疫病などで大量死すると仕方なく海に死体を投棄することもあり、その頃は品川のこの辺りは海岸線の外側だったのだ。

昔の亡者の記憶が新しい死者の上に蘇《よみがえ》ったような、不思議な水葬の話である。

神隠し殺人の顛末

二〇〇八年（平成二〇）に世間を騒がせた〈江東《こうとう》マンション神隠し殺人事件〉のその後について、皆さんはご存じだろうか？

事件の概要は、当時テレビのニュース番組で繰り返し報じられ、事件後に何度か週刊誌に詳報が載ったので、今でも記憶している人がいるだろう。

北京オリンピックが開幕し、タレントの飯島愛さんが急死したこの年の四月、当時二三歳の会社員の女性が東京都江東区のマンションの最上階にあった自宅から忽然と姿を消した。

女性宅の玄関にわずかな血痕があったが、マンション内に設置された監視カメラには女性がマンションの外に出るところは録画されていなかった。まるで女性が煙の如《ごと》く消えてしまったかのようであることから、マスメディア各社は当初、〈神隠し事件〉として興味本位に報じたのだった。

ところが、間もなく判明した事件の真相は恐ろしく残酷なものだった。

行方不明の女性と同居していた姉が捜索願を出すと、警察はマンション全戸の住民を事情聴取し、任意での指紋採取と家宅捜索を行った。そして事件発生から約一ヶ月後に、女性宅の二つ隣の部屋に住む当時三三歳の男を逮捕。採取した証拠物と男の自白により、件の女性は暴行目的で拉致された後に殺害され、ミンチになるまで遺体を切り刻まれ、その大半がトイレの便槽から下水に流されていたことがわかったのだ。

犯人は被害者が帰宅したことをドアの音で察知するとすかさず押し入り、頭を殴って大人しくさせ、自室に引きずり込んだ。しかし間もなく警察が捜査を始めたことに気づき、事件発覚を恐れて女性の首を包丁で刺して殺した。

殺害の翌日、犯人は、近隣住人として何食わぬ顔でテレビのインタビューに応えている。そのときのニュース映像に、被害者女性の部屋の窓が、窓辺には誰もいないにもかかわらずスーッと動くようすが映り込んで、「心霊映像だ」として、事件の残虐性とあわせて長く話題になった。

事件の経緯が明らかになってみれば、犯人がテレビでペラペラと喋っていた時点では、まだ遺体の処理は全部済んでおらず、彼の自室の冷蔵庫には被害者女性の肉体の残骸が隠されていたのだった。……化けて出たくもなるというものだろう。

遺体の隠蔽《いんぺい》に懸けた犯人の情熱は並々ならぬものだった。

犯人逮捕後、マンション付近のコンビニエンスストアの前にあるマンホールから細かく砕かれた人間の骨片が見つかり、次いで犯人宅の下水管から被害者とＤＮＡが一致する肉片が発見された。また、犯人の供述から、下水に流しきれなかった部分は出勤時に生ゴミとしてマンションのゴミ集積場に棄てたことがわかった。

発見された遺体の部分は、骨片が四九個、肉片が一七二個。だが、大半はミンチ状にされて下水で流されてしまい、探しようがなかった。

遺体の頭部は耳や鼻を削ぎ落してから鍋で煮込み臓器はまな板に載せて刻んだ、と警察の取り調べに対して犯人は述べたという。

やがて無期懲役が確定し、彼は刑務所に収監された。

二〇〇六年（平成一八）頃、「〈神隠し殺人事件〉の犯人が千葉刑務所の単独房で両目を箸で突き刺してクモ膜下出血で死亡した」というまことしやかな噂がインターネットで流れた。

公判中に被疑者が拘置所内で自殺を図ったと弁護士が証言していたため、この噂には騙された人が多かったが、今ではガセネタだったことが判明している。

人々が犯人の陰惨な末路を願いたくなるほど、酷い犯罪だったということだろう。
尚、犯行が行われたマンションでは、事件からこれまでに自殺が二件起きている。
なぜか事件や事故は同じ場所に集中する傾向がある。
ひとりでに動いた窓の映像を思い返しつつ、謹んで哀悼《あいとう》の意を表したいと思う。

見殺しの代償

一〇年以上前の話になる、と受話器の向こうで奥野さんは前置きした。

「私は一九六五年（昭和四〇）生まれで滋賀県に住んどります。三六歳で結婚すると同時に県内にマンションを買《こ》うて、今もそこに家族と暮らしとるんですが、まだ子供らが生まれる前の、入居からいくらもしない頃に、すぐ近くの小学校の敷地で高校生が同級生に殺されてまうリンチ殺人事件がありました。そんときはマスコミがようけ押し寄せて、この辺りの住民はえらい迷惑したんです。テレビ局の車が道を塞いだり、ヘリコプターがブンブン飛び回ったりして、うるそうて、うるそうて……」

あえて詳細を伏せるが、その事件については私も記憶していた。

被害者は身体障がい者で定時制高校に通っていたが、リハビリと受験勉強に同時並行で励んだ末、見事、全日制高校に合格した。事件はその矢先の三月に起きた。定時制高校の同級生を含む少年たちが五人がかりで一時間半にわたって彼に凄惨な暴行を加えて、結果的に死に至らしめたのだった。

「ここらの住民の人間性に問題があるようなことを書いた週刊誌もあって、かなん（かなわない）なぁて当時は思《おも》てました。あんなん、やった子らは普通の子ぉやありまへん。札付きのワルですわ。また、すぅぐ近所に住んでたジジイが、リンチの一部始終を自分ちの二階の窓から眺めておって、一一〇番もせず、助けも呼ばんと、その後、のうのうと買い物《もん》に出掛けたことも週刊誌に書かれて、そのせいもあって、私たちまで肩身が狭かったもんです。あのジン（じいさん）は前から鼻つまみ者の変人やったのに。普通、体が不自由な子ぉが顔の見分けもつかんくなるほどやられとんのに、見殺しにしますか？　ないわぁ、そんなん、ねぇ？」

一時間半もの暴行は長い。やられている側は永遠にも感じられる地獄だろうが、単に眺めるにしても長すぎる。しっかり見終わってから、近くに日用品などを買いに行ったというのも無神経を通り越して、異常な感じがする。

「そんなジンにのうのうと生きとられちゃ、かなん！　思おとったら、事件後少しして、そのジン七〇手前だったのに孤独死しましたわ。見つかったときは腐ってパンパンに膨れあがっとったそうです。殺された子ぉも全身パンパンに腫《は》れてたから、バチあたったんやと噂になりました。ただし、それからもこの辺で孤独死が相次いだんは、どういうことなんやろね？　亡《の》うなった人は全員、パンパンにむくれた死に顔やったということです」

怪異スタジオ

今年（二〇一七年）の五月頃、中野区にあるハウススタジオで体験したことだ。

作家などが自作の怖い話を語るビデオシリーズの出演依頼を受けた。女優っぽいことは金輪際《こんりんざい》やらないと決めているので、演技をしなければならない仕事だったら断るつもりだったが、座って怪談を語るだけでいいと説明されて、出ることにした。

撮影を行ったハウススタジオは、大正時代からそのまま持ってきたかのような古めかしい様式のしもたやだった。覗き窓のついた木製の玄関ドア、濡れ縁、ガラス障子の掃き出し窓。

平屋造りでこそないが、全体の印象は、大正時代に大流行し、第二次大戦後も東京近郊では昭和三〇年代ぐらいまで造られていた文化住宅風である。私が幼かった昭和四〇年代にはまだ、和洋折衷《せっちゅう》のこういう家を都内の随所で見かけた。

午前一一時、出迎えてくれたプロデューサーに連れられて、玄関のすぐ右横の部屋に入ると、監督ともう一人の出演者である男性が撮影の準備をしていた。男性は講談や落語のように怪談を語ることを職業としているプロの怪談師で、監督とは顔見知りのようだった。部屋は、肘掛椅子《ひじかけいす》と暖炉などがある、英国のビクトリア調様式を写真でしか見たことがない日本人が再現したようなしつらえで、すべての調度品が古びている。

二人に挨拶をし、今日の撮影の段取りについて監督から説明を受けた――曰く、怪談師と私は同じ画面に納まることがない。また、怪談師の出番を先に撮影するので、小一時間、控室で待ってもらうことになる――。

「それから、カメラが回っているときは二階に行かないでください。足音がマイクに入ってしまうから」

「わかりました」と私は監督に答えた。と、そのとき、天井がミシッと鳴った。

「ああ、またですか……」とプロデューサーが変にこわばった笑みを浮かべた。「怪談にぴったりの情緒のあるスタジオだから、僕は気に入ってるんですけどねぇ……」

「こないだなんか、ドーンって、ねぇ?」と監督はプロデューサーに話しかけた。「あのときは部屋が揺れたからね! 地響きがした。二階には誰もいなかったのに、突然、ドーンと何か重いものが落ちたような音がして、本当にびっくりした」

監督とプロデューサーによると、この家には何者かが棲《す》みついていて、撮影で訪れるたびになんらかの怪異に見舞われるそうだ。二人とも真顔で、冗談を言っている雰囲気ではなかった。以前出演した霊感が強い女性は、幽霊が見えると言ってとても怯えていたとか。

「だから明るいうちに撤収したいので、すぐ始めます。ささ、川奈さんはこちらへ」

プロデューサーは幽霊の存在をすっかり信じ込んでいるようで、そそくさと私を控室に案内した。促されて一緒に応接室を出ると、すぐ目の前に階段の入り口があった。

さっきの怪音は二階から聞こえた。そう思って階段の下から上を覗いてみたら、二階の壁に薄い影が映って、かすかに揺らめいていた。

「上はなんです？」

「介護ベッドがある寝室と、和室です」

揺れている影は、どちらかの部屋の窓のカーテンが作っているのだろう。しかし住宅街のスタジオで撮影するときは、通常、町の生活音を遮断するために窓という窓を閉めておくものなのだ。風が入らなければカーテンは揺れない。

気になったが、もう怪談師のパートの撮影が始まっているので、二階のようすを見に行くわけにはいかなかった。プロデューサーにくっついて、窓の外に濡れ縁を置いた和室を通り抜け、窓辺の廊下を進んで、突き当りの部屋に入った。

そこは、六人掛けの食卓とソファーセット、テレビなどが置かれている、いわゆるリビングダイニングで、これまで見てきた部屋とは雰囲気が異なった。他が大正から昭和初期風だとしたら、ここだけは昭和五〇年代風と言おうか。

南向きの掃き出し窓にもアルミサッシが嵌《はま》っている。北側の壁側に台所セットとお勝手口が並んでいて、西側の奥に浴室と洋式トイレがあった。玄関の近くにも和式トイレと浴室があり、和室と廊下を挟んで反対側にも台所があったのだが、こっちにもある。

さっき見た階段の場所から二階の二室の位置を推すと、廊下の突き当りから先の部分は平屋のようだし、おそらくここは後から増築したのだろう。

プロデューサーは、ここを控室として使ってほしいと私に言い、去り際にドアを閉めて部屋から出ていった。

台所も浴室もトイレもあり、食卓もソファセットもあって、ここだけで暮らせる造りだ。親が建てた家に子供の家族が同居することになって、二世帯住宅にしたのだろうか。

古い家に歴史ありだな、と、実家や祖父母の家のことなども思い出して感慨に浸っていたところ、カチャリ、と、お勝手口の方で金属音がした。

反射的に振り向くと、ドアノブに付いたロックのつまみがゆっくりと動くのが見えた。横一文字になっていたロックのつまみが、ひとりでに縦に向きを変える。

——カチャッ。

ギョッとして目が離せなくなった。

——キーッ。

イヤな音を立ててお勝手口のドアが開き、温度の低い風がさっと吹き込んできた。大きく開いたドアの外に、埃っぽく乾いた地面と柵《さく》が見えた。

誰もいない。どう見ても、誰かが出て行ったか、入ってきたとしか思えない状況なのだが、ここにいるのは私だけ。

閉めに行きたいが、近寄るのも怖い。しかし開けたままにしておくのも何だか恐ろしい。結局、おっかなびっくりお勝手口に近づいて、思い切ってドアを閉めた。しっかり鍵を掛ける。

ドアノブを押したり引いたりして、容易には開かないことを確かめた。しっかり施錠されている。しかし先ほどもロックされていたのだ。

「川奈さん」

急に呼ばれて息が止まるかと思ったが、廊下側のドアを開けてプロデューサーが顔を覗かせていた。

「ノックしたんですけど」

「ごめんなさい、気がつきませんでした。今、お勝手口のドアが、ひとりでにロックが外れて開いちゃって、ビクビクしながら閉めたところだったんです」

プロデューサーは、おそるおそるという足取りで勝手口に近寄って、「お勝手口なだけに、勝手に開いたわけですか？」と駄洒落を言いながらドアノブに触れた。

「……普通のドアですね。とりあえず、お弁当を食べましょう。あっちの和室で食べることにしますかね？」

怪異が起きたばかりの部屋で食べるのもね……、と私も思った。

和室では、小さなヘアピンが卓袱台《ちゃぶだい》のそばに落ちていたぐらいでとくに何も起こらなかったが、ヘアピンを拾った刹那《せつな》に、還暦ぐらいの年輩の女性の姿が思い浮かんだ。だから怪談師が「この家、今でも誰か住んでる雰囲気ですよね？」と話しかけてきたとき、「おばさんがいるような気がします」と返したら、プロデューサーが「そんなことをサラッと口にする川奈さんが怖い」と笑顔で言った。監督もニヤニヤしている。怪談師も楽しそうだ。

みんな怪異慣れしているなぁ、と感心した途端に、また天井がギシッと鳴った。

猫は死んでいた

「怪談といっても、幽霊とかじゃなく、猫のゾンビの話でもいいですか？　母と祖母が庭で餌付《えづ》けをしたり、猫ちぐら（猫用のかまくら型の家）を縁の下に置いたりして、可愛がっていた猫でした。元は野良猫で、私が小学校に入学する前からうちの庭にいたんですが、小六の終わり……二月頃からかな？　少しずつ痩せてきて……」

二〇一七年（平成二九）現在、この話をしてくれた青山さん、彼女は二五歳だから、それは一三年ほど前のことになる。

猫は次第に痩《や》せ衰え、寝ている時間が長くなった。心配だったが、いつまでも野良猫の気質が抜けず、滅多に撫でさせてもくれない猫だったから、看病するのも難しかった。かなり弱っているように見えても、抱きあげようとすると牙を剥いてシャーッと怒り、縁の下から飛び出して植え込みに隠れてしまう。

「寿命なのかもしれないね」と祖母と母が話すのを聞いて、青山さんは悲しかった。

「私はひとりっ子だし、うちでは他にペットを飼ってなくて、猫に、『おはよう』『ただいま』『今日学校でこんなことがあったよ』って話しかけるのが日課でした。それがもうすぐ出来なくなってしまうと思ったら、すごく寂しくて、弱って寝てる猫を見るたび、泣けて泣けて仕方ありませんでした。とても綺麗な猫だったのに、だんだん汚らしい見た目になってきたことも、切なくてたまりませんでした」

栄養がつく食べ物を与え、温かく過ごせるように毛布もあげたが、猫の具合は日増しに悪くなった。春になると、薄くなった体毛の隙間から醜い瘡蓋《かさぶた》や出来物が透けて見えるようになり、同時に饐《す》えたような臭いを放ちはじめた。両目は灰色に濁り、口の端は化膿して爛《ただ》れ、そのうち、下顎から骨のようなものが一部、露出してきた。

もとから生き物があまり好きでなく、猫に関心がなかった父も悪臭には気づいた。父が「保健所で殺処分してもらえ」と言い出して、母と大喧嘩《おおげんか》になった。そして、祖母が仲裁に入って家族で話し合った結果、父が会社に行っている間に、猫を近所の動物病院に連れていくことになった。

「物凄く臭かったことは事実でしたから、父が怒るのも無理はありませんでした。母が洗濯ネットとダンボール箱を用意し、私が学校から帰るのを待って、祖母と母と私の三人がかりで猫を捕まえて、病院に連れていきました」

洗濯ネットを被せると、どこにそんな力が残っていたのかと驚くほど、猫は激しく暴れた。もがく姿を間近で見たら、骨と皮ばかりに痩せ細った体は膿み崩れた傷だらけだった。ネットに引っ掛かった生爪がズルズルーッと根元から抜けるのを見て、青山さんはもどしそうになった。

「猫の生爪があんなふうに抜けるなんて、生きたまま腐ってるとしか……。洗濯ネットに入れた猫をダンボール箱に詰めて、母の車の後部座席に乗せました。病院に着くまでの一五分ぐらいの間も、猫は、ずっと箱をゴトゴト揺らして暴れてました。祖母が助手席に、私は猫の横に座って……箱が座席から落ちないように手で押さえているように母に言われたんですが、それまでは可哀想っていう気持ちが強かったのが、爪が取れるところや崩れた体を間近で見てから急に冷めてしまい、気持ち悪いと思うのが先に立つようになって、箱に触るのもイヤでイヤで……」

動物病院に到着しても、青山さんは猫の箱を持つことが出来ず、母親が抱えて運んだ。

「でも、お母さんも顔には出さないように我慢してましたけど、イヤそうにしてました」

しかし、動物病院の建物の中に入った途端、猫は急に静かになった。

待合室で診察の順番を待っている間、まるで音を立てないので、「死んでしまったのではないか」と青山さんたちはヒソヒソと話し合ったという。

「病気なのに急に暴れたから、疲れて死んだか、意識を失ったんだと思いました」

やがて診察室に呼ばれた。診察台の上で獣医師が箱から猫を取り出しにかかると、硫黄と糞便を混ぜたような凄まじい臭いがあたりに広がった。

猫は獣医師の手に抱えられても、診察台に横たえられても、身じろぎひとつしなかった。腐肉の塊《かたまり》と化していて死体以外の何物にも見えず、診察した獣医も、死んでいると断言した。

「触ってすぐに『あれっ、亡くなってますよ?』って。それから、一応、触診をしたり聴診器を当てたりして、『一週間ぐらい前に死んでます。気がつかなかったんですか?』と訊ねられました。さっきまで暴れてたと言っても全然信じてくれませんでしたね。だいぶ腐敗が進んで、脳も内臓も溶けてるから生きていられたはずがないって。そして、遺体を火葬してくれる動物霊園を紹介すると言いました」

勧めにしたがって、青山さんたちは猫を動物霊園で弔《とむら》った。

父は、猫を診た獣医が藪《やぶ》医者だったのだと言い張り、今でも意見を譲らない。

先年、大往生した祖母は、亡くなる日まで、朝な夕なに猫の冥福を祈っていたそうだ。

峠《とおげ》攻め

SNSで知り合った会社役員、織田さんが中学生の頃に体験した話。

「中学生の頃、東京で下宿していた当時大学生の兄と二人で長野県のスキー場に行った帰り道での出来事です。その頃、兄は車を持っていて、運転には相当に自信があるようでした。弟の贔屓目《ひいきめ》から見てもなかなかの腕前だったと思います。そのときは兄の車で長野と東京を往復したのですが、往路では、これといって変わったことは何も起きませんでした」

二〇一七年（平成二九）現在、昨今の若者は車離れが著しいが、昭和四〇年代半ば生まれの織田さんが中学生だった昭和五〇年代後半頃は若い人たちの自動車所有率が高かった。

「走り屋」「峠攻め」という言葉が生まれて普及したのも、ちょうどこの頃だ。

公道を高速で走る技術を競う、いわゆる「走り屋」を主人公にした池沢《いけざわ》さとしの傑作マンガ『サーキットの狼』の初出は一九七五年（昭和五〇）。「走り屋」は一九七〇年（同四五）頃に、それまでの暴走族から分派したと言われている。単に過激に暴走するのではなく、運転テクニックを先鋭化することに集中する「走り屋」は、少年たちの憧れを集めた。

そして「走り屋」と言えば「峠攻め」だった。急カーブの多い峠道を時にドリフトしながら走行する「峠攻め」は難易度が高く、多くの死傷者を出した。しかし危険であればあるほど、青少年を惹きつけたのだった。

さて、織田さんの話に戻る。夜中になり、兄が運転する車は碓氷《うすい》峠に差し掛かった。助手席の織田さんは、中学生の身分ではこんな機会でもなければ体感できない「峠」に胸を弾ませていた。兄の車はコロナ・クーペ。当寺の若者に人気があったスポーツカーだ。兄は「走り屋」ではなかったが、そこは気分である。

碓氷峠は「峠攻め」スポットとして有名だった。群馬県安中市と長野県北佐久郡軽井沢町とを結ぶ国道一八号の碓氷峠の区間はコーナーカーブが一八四個もあった。一九七一年に国道一八号のバイパスである有料道路（当時。現在は無料）の碓氷バイパスが開通すると、旧道が全国の「走り屋」のメッカになった。一九九三年に上信越自動車道が開通してからは交通量も減り、「走り屋」たちも去って久しいが、織田さんたちが訪れた頃は車やオートバイで馳せ参じるツワモノだけでなく、彼らを見物するギャラリーも路肩に集って、真夜中までにぎわっていた——はずなのだが。

「不思議なことに、碓氷峠の旧道の入り口を通過しても一向に車と擦れ違わないんです。気がつけば、私たちの前にも後にも車もバイクも見えなくなっていました」

何度も碓氷峠に来たことがある兄は「珍しいなぁ！」と驚いた。

兄によれば、この辺りは深夜でも交通量が落ちないということだった。織田さんも、行きにここを通ったときには、「走り屋」のスポーツカーやレーシングタイプのバイクを何台も見ていた。それが、一台もない。

「おかしなことはそれだけじゃありませんでした。旧道を進んで行くうちに、だんだん道幅が狭くなってきたんです。いつの間にか道の真ん中近くまで左右から木々が枝を伸ばしているところを走っていて、しかも道路の舗装がボロボロになっていることにも気がつきました。兄は『なんだここは？　こんなとこあったっけ？』と不安そうでした。一本道だから誤って違う道路に出てしまうはずがないので、とても奇妙な感じでした」

織田さんたちは心細くなりながら、引き返すことはせず、前に進んだ。

しばらく走ると、前方に小型トラックが見えてきた。荷台に幌骨《ほろぼね》を付けてシートを装着した、なんの変哲もない二トントラックで、非常にゆっくりとしたスピード、おそらく時速三〇キロメートル前後で走っている。

　織田さんはホッとして「車いたね！」と兄に話しかけた。兄も安堵した表情だった。

「でも、兄のスポーツカーの方が断然速かったので、すぐに追い抜いたのです。抜き去るときに見たら、本当に普通の小型トラックでした。ところが追い越した途端、スピードを上げて私たちの車の後ろにぴったり追尾してくるじゃありませんか！　兄は『おお！　トラックのくせに煽《あお》ってきやがる！』と叫ぶと、加速してまっしぐらにカーブに突っ込んで行きました。無論、私たちがぶっちぎることを想像してました。私はGを受けながらドアミラーを見てました」

　しかし、小型トラックは兄のスポーツカーのスリップストリームにべったりと入り、コーナーを猛追してきた。

「おいおい！　なんで？」

「お兄ちゃん、アイツめっちゃスゲーじゃん！」

「よし、もう一度！」

　兄は、次のコーナーに前よりもスピードを上げて突入した。しかしトラックはスリップストリームのまま喰いついてきた。車高があるというのに車体が傾くこともない。

「スッゲー奴だ！」と兄は感嘆した。「よぉし、もう一回気合い入れてやったる！」

兄は明らかに尋常ではなく高揚していた。スピードや荒々しい運転に対して、このときは織田さんもなぜか全然怖さを感じなかった。

三つ目のコーナーに入るときは、もう織田さんたちの車はドリフトする寸前だった。タイヤが横滑りしはじめ、軋《きし》むような音を立てる。かなり危険な状態だが、トラックも猛烈な勢いで追ってきた……と思ったら、突然、織田さんが見ていたドアミラーの中からパッと姿を消してしまった。

「わあ、事故りよった！」

兄も気づいて大声を出した。コーナーを抜けきる前だったが、ブレーキを踏んで減速し、コーナーの出口で停車した。

織田さんは兄と車を降りて、道を駆け戻った。やはりトラックには無理な速度だったのだと思った。横転したのだろう。乗っていた人を助けなくては、と焦った。

けれども、カーブをどこまで戻っても、小型トラックはおろか何の気配もなく、また、交通事故の痕跡《こんせき》もなかった。夜道に突き出した木々の枝が風に揺れているだけ。

そのとき、事故に伴うはずの音を一切、耳にしていなかったことに織田さんは思い至った。

「なんだ今のは？　なんだったんだアイツは？」

恐怖を覚えた織田さんたちは、走って車に戻り、大急ぎで碓氷峠を駆け下りた。

車が走りだすと同時に、舗装が剥げて汚らしかった道がみるみる綺麗になり、周囲に車が現われた。往路に通ったときと同じ碓氷峠の旧道の景色だ。

それからは奇妙なことは何も起こらず、無事に旅を終えることが出来た。

「いったい、あのトラックはなんだったんでしょうね？　そして、あの道は？　私たちはどこを走っていたんでしょうか……。未だに理解できません」

紋白蝶《もんしろちょう》になった義母《はは》

民俗学の世界には、蝶は死者の化身であるとする説があり、祖先の霊魂が蝶に姿を変えて子孫のもとを訪れるとする伝承が各地に残る。

東京都北区出身の女性、志田さんは、二〇年前に亡くなった義母（お姑《しゅうとめ》さん）が紋《もん》白蝶《しろちょう》に化身したと信じている。

二〇年前、志田さんの義母は重い病気に罹《かか》って入院し、手術を受けることになった。

志田さんは手術の成功を祈って、自宅のカレンダーにお守りをセロテープで貼りつけた。しかし、手術を目前に控えたある日、誰も触りもしないのに、そのお守りがポーンと二メートルも宙を飛んで床に落ちた。

志田さんは、これを病院に入院中の義母からの「もうお守りは必要なくなったよ」というメッセージだろうと解釈した。間もなく、義母が亡くなったという知らせが入ったので、その確信を深めた。

志田さんは悲しみに暮れた。

義母と彼女は、仲が良いなどという言葉では語り切れない、深い情で結ばれていたのだ。義母は尊敬する人生の先輩であり、かけがえのない親友であった。

初七日を迎え、法事のために志田さんが出掛けようとすると、玄関の前に一頭の紋白蝶が死んで横たわっていた。

「まさかこの蝶は義母《はは》の化身では、と、閃《ひらめ》いたのです」

志田さんは紋白蝶の死骸を庭に埋葬し、丁重に弔《とむら》った。

その日を境にして、何かにつけて頻繁に、志田さんの前を紋白蝶が楽しげに舞うようになった。

あるときはバスに乗車して窓側の席に座ったところ、志田さんの真横の窓のすぐ近くを紋白蝶が飛び、バスが走りだしても離れていかなかった。外出しようとして玄関を開けると、待っていたかのように目の前で飛び回っていたことも一度や二度ではない。

成虫がいないはずの寒い季節にも、紋白蝶は志田さんのもとをひらひらと訪れる。

「義母が私を励ましてくれているんですよ、きっと。紋白蝶を見るたびに、また挨拶しに来てくれたんだと思って嬉しくて」

紋白蝶の来訪は今でも続いているそうだ。

しがみつく六人

新宿区歌舞伎町には、いわゆる事故物件が多い。密集していると言っても過言ではない。私の友人で画家のミッキーさんは、先月（二〇一七年七月）、実家が経営する不動産屋の手伝いで、新宿区歌舞伎町の事故物件を訪れた。

心理的瑕疵《かし》物件のうち俗に事故物件と呼ばれるのは、殺人や自殺、火災など人為的な事故による死亡、つまり自然死以外の原因で人が亡くなった不動産物件である。忌避《きひ》される傾向があるので、賃貸、分譲を問わず、価格が安く設定される。そのため、幽霊の存在などを信じない人が増えるにつれ、事故物件の人気は上昇し、最近では事故物件を専門に扱う不動産屋まで現れた。

ミッキーさんの実家の会社でも、ここ三ヶ月ほど、あえて事故物件を購入していた。その日、内覧した歌舞伎町のビルも例外ではなく、飛び降り自殺や殺人など、複数の事件が起きて、何人も亡くなっていた。

目当ての物件は、この建物の四階にある、曰く付きのワンルームマンション。部屋を管理している会社の担当者と二人で一階でエレベーターを待っていると、ミッキーさんたちの真後ろを、背中をかすめて誰かが通り抜けたような気がして、反射的に振り向いたのだが、誰もいない。

変な感じがしたが、とりあえずエレベーターが降りてきたので、件《くだん》のワンルームへ。担当者が玄関の鍵を開け、ミッキーさんを中へ招じ入れた。一歩、足を踏み入れようとした瞬間、ミッキーさんは目に見えない透明な壁に突き当たったような、異様な抵抗を感じた。

「でも仕事ですからね。いったん部屋に入ってしまうと、変な感じは消えました」

内覧を終えて、ミッキーさんは実家の不動産屋の事務所に戻り書類仕事を済ませた。

そして夜、さあ自分のうちに帰ろうと思ったときである。

「突然、腰から下をまわり中から押さえつけられたように感じたかと思うと、下半身がまったく動かなくなってしまいました。実家で寝たきりの状態が四日も続き、霊感が強い友人が心配してやって来ました。そして僕の姿を見るなり、『すぐにお祓《はら》いして！』と言って霊媒師を紹介してくれたんです。翌日お祓いしてもらったら、途端に動けるようになりましたが、その友人と霊媒師には、僕の下半身に六人の霊がしがみついて地面に引きずり込もうとしているのが見えていたそうです」

もういないはずの人

画家のミッキーさんの事務所は港区新橋にある。新橋といえばサラリーマンの街。昼夜問わずビジネスマンが闊歩《かっぽ》しているイメージで、彼らが利用する居酒屋の類も多い。日本の鉄道発祥の地でもあり、今も新橋駅はJR各駅の乗車人員数ランキングで必ず一〇位以内に入る（JR東日本による全国調査。二〇一六年〈平成二八〉は七位）。

新橋駅の周辺には新旧のビルが混在しながら林立していて、深夜になっても人通りが途絶えない。その只中にミッキーさんはほぼ毎日通っているのだが――。

「今朝、事務所があるビルに入ろうとしたら、もういないはずの人に話しかけられたんです。よく聴き取れませんでしたが、何か言って スーッと消えていきました」

もういないはずの人、とはどういうことか訊ねたら、「僕の事務所の住所を調べるとわかります」と彼は謎を掛けるような答え方をした。

そこでさっそく調べてみたところ、ある計画殺人事件の存在を知ることになった。

〈一九日午前一一時半ごろ、港区新橋の住宅の敷地内で女性とみられる遺体が見つかりました。遺体は女性の自宅と隣の建物の間で見つかり、一部が白骨化していたということです。今年三月、近所の男性からこの住宅に住む六〇歳の女性の行方がわからなくなっていると警視庁に捜索願が出されていました。警視庁は遺体がこの女性の可能性があるとみて、身元の確認や死因の特定を進めています。現場はJR新橋駅から四〇〇メートルほど南西にあるビルが立ち並ぶ一角です〉（二〇一六年〈平成二八〉一〇月一九日付、TBSニュース）

〈（略）女性の住民票が失踪の一年前に東京都大田区のアパートの一室に移されていたことが分かりました。（略）〉（同一一月二日付、TBSニュース）

〈新橋「大地主女性」が突然の失踪・周辺開発で地価高騰の最中ちらつく〝地面師〟の影〉（「週刊現代」二〇一六年八月一四日号）

失踪した女性は白骨化した遺体となって、ミッキーさんの事務所があるビルと隣のビルの間の、幅数十センチの隙間に棄てられていたのだという。隙間の両端は扉の付いた鉄の柵《さく》で塞がれているが、私が見た感じでは簡単に乗り越えられそうだった。

「最後に生きている彼女に会ったのはいつですか？」

「三年ぐらい前のことになると思います。それまでは、ときどきお見掛けしましたよ」

私は最初、ミッキーさんが捜索願を出したのかしらと推理したのだけれど、近所の住人として会えば挨拶ぐらいはしたが、そこまでするほど親しくなかったということだ。

その日、ミッキーさんが事務所のあるビルに入ろうとすると、出入口の横にある死体が棄てられていた隙間の前に、亡くなった女性が忽然と現れて、スーッと近づいてきたのだという。そして彼の真正面に立ち熱心なようすで話しかけてきたが、混線したラジオのようで、何を言っているのか彼にはさっぱり理解できなかった。

やがて、いくら話しかけても伝わらないことを悟ると彼女は悔しそうに口を閉じ、透き通って消えてしまったそうだ。

ミッキーさんはここまで語り終えると、六人の霊にしがみつかれてから「見える」ようになってしまったとボヤいた。

そして私の隣を振り向いて、私には見えない、いないはずの誰かにうなずきかけた。

ナースコール——通信設備業者の話　一

そのメッセージは「ご無沙汰しております。愛読者の大和《やまと》です」という書き出しで始まった。

実際に、大和さんは、以前、私が官能小説を書いていた頃は新刊が出るたび拙著を読んだ感想を述べてくださっていた。だから愛読者だったことは確かだが、怪談ばかり書くようになってからは連絡が途絶えている。

そこで私は、大和さんは怖い話が苦手なのだろうと思っていた。あるいは官能小説だけのファンだったのだ、と。

しかし、どうやら、どちらも違うかもしれない。今回、寄せられたメッセージを拝読して、ある種の人々にとって怪談は、読む物ではなく、日常体験なのだと思った。

日頃たびたび経験することを、あえて活字で読みたいと思うかどうか。

本作を執筆するにあたり、今年（二〇一七年）八月、初めてＳＮＳで怪奇体験談を一般に募集した。大和さんは、これに応募して複数のエピソードを寄せてくださった。

原文の雰囲気を残しながらリライトしたものを、以下にご紹介する。

「体験談を募集されているということで、大雑把な文章ですが送らせていただきます。私は二〇年以上、電気通信設備の設計・施工・管理を主に行っております。他に副業も持っていますが、次の話は、本業で経験したことです。

某都立病院でナースコールの設備の改修工事を請け負った際、入院棟の一室の入って右奥のベッドだけが、ナースコールの押しボタンが上手く動作しませんでした。

四床ある部屋でしたが、そのベッドに限っては、押しボタンの機器を交換してもダメ。配線にも異常ナシ。もうお手上げ状態で行き詰まってしまい、私とうちのスタッフは、いったんナースセンターに集まってミーティングすることにいたしました。

しかし、ナースセンターに着いて、中で相談しはじめたら、急に問題のベッドのナースコールが発報（この場合、光と音で報せること）したのです。

設備の改修工事を行っている部屋ですから、当然、入院患者はいません。もう夜で、患者さんやお見舞いに来た人が病院の中をうろうろしている時間でもない。

誰もいないはずなのに、どうして発報したのか……。

スタッフと一緒に部屋に行ってみたら、やはり無人でした。でも、右奥のベッドの押しボタンは押されている。

いったんナースコールを止めて、試しに私が押してみると、今度はちゃんと発報しました。正常に復旧されていたんです。でも、なぜ直ったのかわかりません。

何が起きたのか理解できないまま、私たちは再びナースセンターに集まりました。すると、また、あのベッドからのナースコールがありました。

仕方なく再び飛んでいく。でも、何事もない。だからまたナースセンターに戻る。こんなことを繰り返していたところ、看護師長さんが騒ぎを聞きつけてやってきました。看護師長さんは、私から説明を聞くと、何か思い当たるふしがあるような表情になりました。

そして私だけを件《くだん》の病室に連れていくと、たぶん故人だと思われる人の名前を大声で呼んで、『悪戯《いたずら》するのはやめなさい！　あなたはもうこの世にいないのよ！』と、とても強い口調で、問題のベッドに向かって語りかけたのです。

すると途端に押しボタンが正常に動作するようになりました。

婦長さんが幽霊を叱る声はナースセンターにも届いていたらしく、戻ったらスタッフ全員、顔を強張らせてましたが、それからは何も起こらず、スムーズに工事を完了することができました」


ちなみに、その某都立病院は一〇年近く前に廃院となった。

建物が解体撤去された病院跡地には、なぜか自然に大きな池が出来た。

池は二〇一二年（平成二四）頃まで観察され、雨水が溜まったことが原因と言われていたが、水溜まりにしては規模が大きすぎるのではないかと近隣住人や暗渠《あんきょ》マニアの間で噂になった。

かく言う私も、比較的、近所に住んでいるため、散歩の途中で偶然その池を見つけたことがある。灰色の濁り水をたっぷりと湛《たた》えた大穴が地面に穿《うが》たれていた。水量が相当ありそうな上に、暗渠になった渋谷川支流の流域内で、流域には湧水もあることから、川や湧水と関連付けてみたくなった。

しかし水の出所が不明なまま埋め立てられ、現在は別の施設が建っている。

ホテルの改修工事――通信設備業者の話　二

引き続き大和さんの話だ。

「古いホテルの改修工事は、不思議な出来事に遭遇する率が高いように思います。あるとき、都内の老舗ホテルから、客室を改修する仕事を受注しました。歴史のある有名なホテルだということは知っていましたが、行ったことはありませんでした。作業員を連れて訪れてみたら、思っていた以上に古い建物でした。着いて早々に『なんか薄気味悪いホテルですね、出たりして』と言う作業員がいて、私は笑いながら『そんなことないよ』とたしなめたんですが、最上階の奥から一つ手前の一室だけは、なんとも言えない異常な雰囲気を感じました。

ホテルからのオーダーで、宿泊施設の営業をなるべく続けながら工事をすることになっていたので、二フロアずつ閉めて作業を進めました。上下する二つの階をクローズドにして工事して、そこが終わると、また別の上下する二フロアを……とやっていくうちに、私がなんとなく違和感を覚えた最上階の部屋に入らないわけにいかなくなりました。

やはり何か変な感じがしましたが、気にしないことにして作業を指示して、終わらせることが出来ました。

すると部屋から廊下に出た途端、大きな鉄扉が私を目掛けて倒れてきました。咄嗟《とっさ》に左手で払いのけて最悪の事態は免れたものの、頭を直撃されたら命がなかったと思います。ホテルの共有部分に使われる防火機能を備えた鉄扉は、最近は軽量タイプの商品も出ていますが、旧式のものになると二〇〇キロから四〇〇キロも重量があるのです。

重い扉が倒れた大きな物音に驚いて、同じフロアの各部屋に散らばって作業していた作業員たちが集まってきました。私は鉄扉をはねのけた左手を抱えてうずくまっていました。扉に当たったところが腫《は》れあがってきて、激痛で声も出ない状態でした。

私の上司にあたる監督員も駆けつけてきました。監督員は廊下の床に倒れている鉄扉と、扉が嵌《はま》っていたドア枠を点検すると、怒りの表情でこう言いました。

『おかしい！　これが勝手に倒れるわけがない！』

誰かが蝶番《ちょうつがい》を外したに違いないというわけです。私も確認したのですが、枠の上下二箇所に蝶番の金具が付いていて、一つの金具につき複数あるビスを工具を用いて全部外してから、少し上に持ち上げなければ、蝶番から外せない仕組みになっていました。人を殺せる重量があるので、滅多なことでは扉が外れないように出来ていたのです。

しかし、廊下は改修工事範囲外でしたから、私を含めて誰も何も触っていませんでした。また、この鉄扉は、腕力のある大の男が二、三人がかりで、補助的な道具を適宜使いながらやらなければ安全に取り外すことは不可能で、そんな目立つ作業をしていたら絶対に誰か気がつきます。

ありえないことが起きたとわかって、みんな怖くなってしまいました。

『気持ちわるい！』と言う者が多かったと思います。

そのうち監督員が気を取り直して、鉄扉を元通りにしようと言いだしました。

ところが蝶番のビスがドア枠の近くには見当たりませんでした。

ビス探しが始まり、しばらくして見つかったのですが……。

鉄扉の蝶番のビスは全部、私がさっきまでいた、不気味な感じがしていたあの部屋の窓の下にバラバラと転がっていたんです。

部屋で作業していたときには、絶対にそんなものはありませんでした。そして、鉄扉が倒れてきたのは私が部屋を出た直後です。

……あまりの不気味さに、その日はそれからみんなほとんど口をきかず、黙々と作業をしていました。

私は現場を抜けて病院に行くことになったのですが、帰り支度をする一〇分足らずの間に、鉄扉は元通りに直っていました。みんな必死で作業をしたのでしょう。

全員、何も見なかったことにしたかったんだと思います」

「帰れ」——通信設備業者の話　三

「栃木県内のとあるホテルで、わりと最近体験した出来事です。

工期の短い改修工事で日程調整がキツい中、現地調査をしなければならず、夜のうちに調査をして、翌朝から工事を開始するというハードスケジュールになりました。

それだけでもアレですけど、事前に知らされていたのはホテル名だけでしたから、インターネットで検索したら、ブルーになるような記事がいくつか出てきて……。○○○号室に幽霊が出るというのです。その○○○号室には、壁に奇怪な文字が浮かびあがるという噂もありました。

しかも工事期間中はホテルは完全休業して無人になっていて、現地調査は夜にホテル側の担当者と私の二人だけで行うことが決まっていました。東京近郊の会社の事務所を夕方に出発して、夜一〇時ぐらいにホテルに到着し、担当者と落ち合ったのですが、控えめに言っても気乗りはしませんでした。

誰もいない薄暗いホテルの館内を担当者と連れだって歩きまわりながら、仕事のためと自分に言い聞かせていました。

設備の状態や配線の写真を撮り、ホテルに隣接した現場事務所に戻ったときには、すでに夜中の一二時を過ぎていました。それからパソコンに、撮影した写真データを移したのですが、例の○○○号室の周辺で撮った写真のデータだけが消えてしまってました。

確かに撮ったはずなのに。しかし仕方ありませんから、再び担当者と二人でホテルに戻り、○○○号室に直行しました。さっさと済ませたい一心でした。

でも、部屋に着くとすぐ、担当者がびっくりした顔で私を振り向いたのです。

『今、〝帰れ〟って言った？』

私は首を横に振って否定しました。

『えっ、だけど聞こえたよ。〝帰れ〟って』

私は「言ってませんよ」と応えて、部屋の写真を撮ろうとしたのですが……。

『帰れ』

今度は私にも聞こえました。男のものとも女のものともつかない、しわがれた声で、はっきりと『帰れ』と。

震えあがって、担当者と現場事務所に駆け戻ると、すぐに、今回の仕事をキャンセルしたい旨のメールを会社に送信しました。

しかし、当該のホテルは弊社を長く頼りにされてる大切なお客様ゆえ、心霊現象については極秘にするように、と口止めされただけでした。他の社員と代わってもらうこともできませんでした。

翌朝から作業員たちが合流して内装工事が始まると、その他の部分は順調に工事が進展したのですが、やがて○○○号室とその周囲だけ進行の遅れが目立つようになりました。

監督する立場で作業員たちのようすを見ていた感じでは、○○○号室周辺を任された作業員がすぐに仕事を嫌がるようになり、誰かと代わると新しく交代した作業員も嫌がるようになる、この繰り返しで、作業が遅れているようでした。

でも工期は迫ってきます。突貫作業で仕上げなければ、と焦っていると、作業員から、私の立ち会いのもとでなければ○○○号室には入らないと宣言されてしまいました。

仕方なく立ち会うことにして、最初のうちは問題なく作業が進みました。

いよいよ配線も完成し、無事に通電して、ブレストを残すのみになりました。

電話回線を改修工事した際には、ブレストといってイヤホンを着けて行う通話試験をする必要があるのです。このブレストを作業員に行わせたところ、ノイズが入って相手の声がクリアに聞こえないと言います。私もイヤホンを着けて試してみたら、やはり相手の声にノイズが乗っている。原因を探ってもわからず、次第に嫌な感じがしてきました。

そのとき小用で作業員が部屋を出て、私が一人で〇〇〇号室に取り残されてしまいました。するとブレストのイヤホンから、調査のときに聞いたあの声が。

『帰れ』

パニックになりそうでした。でも、とにかく時間がありません。作業員が戻ってくると、何食わぬ顔でイヤホンを渡し、ブレストを再開しました。すると、すぐに『悪戯《いたずら》しないでくださいよぅ』と作業員に言われたのですが、彼に対しては、私がふざけて怖らせようとしたということで押し通して、ブレストを完了してしまいました。

だから、あのホテルの〇〇〇号室は、今でもそのままになっています」

大和さんを取材してから、件《くだん》の栃木県のホテルのホームページを確認した。

今年（二〇一七年）リニューアルオープンしたことを宣伝していた。リニューアルオープン記念として、綺麗になった客室に特別割引料金で宿泊できるそうだ。

洗練された室内の写真とリーズナブルな宿泊料金を見て、こんな話を聞かなければよかったと私は少し後悔している。

死期の匂い

大和さんは、近々亡くなる人を嗅《か》ぎ分けられると言う。

三〇年ほど前に、彼は父親を亡くした。入院した父を頻繁に見舞っていたときに、死期を知らせる匂いがわかる力が身についてしまったそうだ。

死期の匂いは体臭の類《たぐい》とは違う。悪い臭いでもないということだから、書くとしたら「臭い」ではなく「匂い」とした方が適切なようだ。

そもそも物理的に鼻の粘膜で感じる匂いと同じものなのかどうか疑わしい。大和さんは、自分は特に嗅覚は優れておらず、むしろ悪い方だと自覚しているそうなのだ。

「でも、もうすぐ亡くなられる人は、共通した独特の匂いがするんです」と彼は言う。

長患《ながわずら》いした父のお見舞いで三日と空けずに病院を訪れるうちに、近く亡くなられてしまう入院患者がわかるようになったとのことだ。

初めのうちは自分でも半信半疑だったが、ピンとくる独特の匂いを感じた人が次から次に必ず亡くなるので、この能力に確信を抱くようになった。

やがて大和さんは、病気の人だけでなく元気な人からも死期の匂いが漂ってくるときがあることに気がついた。

繁華街や駅のホーム、電車の車内で、擦れ違いざまに、あるいは近くに立たれたときに匂ってくるのだ。

事故や自殺、災害など、人が命を落とす原因は、病死以外にもたくさんある。

親しい人から匂ったときが、いちばん切ない。

「あっ、もうじき亡くなるんだ。そう思っても、相手に伝えるどころか誰にも言えずじまいで、ただその人が死ぬのを待つことになります。とてもではありませんが、口外できる話ではないので」

恐る恐る訊ねてみたところ、私からはまだ死期の匂いはしていないということだ。

墓地の掃苔家《そうたいか》

怪談や奇譚を書くようになってから近しくなった人たちの中でも、近世・近代に関する知識の豊富さと研究熱心なことで尊敬している木林さんは、二〇一一年（平成二三）に、それまで二七年間勤めてきた大手広告代理店の映像制作をする子会社を早期退職して、念願の文筆業に入られた。

とはいえ退職後ただちに忙しなく書きまくるつもりはなく、最初の一年間ぐらいは調査と研究にあてようと考えた。作家としての木林さんの得意とする分野は「幕末から明治の頃の写真師」で、サラリーマン時代から研究を重ねてきたが、亡くなった写真師たちの墓所を訪ね歩くうちに、墓に眠るその他のさまざまな故人についても、興味半分ではない深い関心を抱くようになっていた。

木林さんのような人のことを「掃苔家《そうたいか》」と呼ぶ。

彼が早期退職する前年の二〇一〇年頃、歴史的人物や著名人の墓を巡って、故人の足跡に想いをはせることを趣味とする通称「墓マイラー」の存在がひそかなブームになっているとして、マスメディアの注目を集めた。

先人の墓所を訪ねあてて苔《こけ》払いをする「掃苔」は江戸時代から続く風雅な趣味だ。この趣味人を「掃苔家」、記録物を「掃苔録」という。「墓マイラー」は「掃苔家」を現代的に解釈し直したものであり、写真師を研究しながら明治期以降に出された「掃苔録」をいくつも読み、墓所を訪ねていた木林さんはブームの先駆者と言えなくもない。

二〇一一年、梅雨曇りのある日、木林さんは江東区の寺町を探訪していた。

寺町は日本全国の城下町にあり、一説によると宗教施設を都市の外縁に盾として配置し、物理的および霊的な敵の侵入を防ぐ目的を帯びていたそうだ。

江東区の寺町は、白河《しらかわ》、三好《みよし》、平野、深川、清澄《きよすみ》と区内の五町にまたがり、東西は三つ目通りから清澄通りまで、南北は葛西橋通りから清洲橋通りまで。このおよそ一平方キロメートルの中に四〇以上の寺院が存在し、霊園がある。

木林さんは、まずはこの界隈の寺町を代表する寺院の一つ、「浄心寺《じょうしんじ》」を訪れた。浄心寺は一六五八年（万治元年）に創建された古刹《こさつ》で、四代将軍徳川家綱《いえつな》の乳母《うば》で当寺の建立を申し出た三沢局《みさわのつぼね》の墓や、歌舞伎役者の初代坂東《ばんどう》彦三郎が寄進した石灯籠《いしどうろう》など、歴史上の人物縁《ゆかり》の文化財を多数有する。

境内の墓石を観察して歩くうち、正午を過ぎた頃に、木林さんは自分の他にも掃苔家、もしくは墓マイラーが来ていることに気づいた。

「黒っぽい服装をした若い男でした。歩き方を見て、すぐに同好の士だと直感しました」

体つきから推してせいぜい二二、三歳の青年で、黒い野球帽を被り、黒いリュックサックを背負っていたが、外見に強い個性は感じられなかった。

木林さんの目を惹いたのは、自分と同じ「掃苔家」特有の墓地での行動パターンだ。

「普通の墓参者は目的が決まっているので墓地の中ではスタスタ歩きますが、同好の士はゆっくり移動するんです」

しかもその日の木林さんは、墓地の端から順にしらみ潰しに墓石をチェックする「ローラー」を決行していた。

「ひとつひとつ、お墓の写真を撮ったりメモを取ったりするので、一回『ローラー』すれば、その墓地のどこにどんなお墓があるか、わかるようになります」

気になる墓石は前後左右その他、トータルで六枚ぐらい写真を撮るそうなので、ローラー作業中の移動速度はどうしたって遅くなる。

「でも、その男は僕と同じスピードで歩いていました。ときどき彼が視界の隅に入るんですよ。墓石と墓石の隙間からチラチラ見え隠れしていました。若くて同じ趣味の奴は珍しいから、なんだか嬉しくなりました。それに、その日は平日だったから彼は自由業の奴なんじゃないか、もしかすると作家かもしれない……なあんて興味を持ったんです」

やがて木林さんは浄心寺のローラーを終え、次の霊園へ向かった。話を聞いて私は墓石を一つずつ調べていては日が暮れてしまうだろうと思ったが、木林さんによるとその通りで、複数の霊園を巡ろうと思えば余計なことをしている暇はないそうだ。

「この日、僕は浄心寺の他に共同墓地などもチェックする計画を立てていました。さっきの若い奴と名刺交換したいなぁとちょっと思ったんですが、急がなければ計画が頓挫《とんざ》してしまいます。お寺は五時までに門を閉めてしまうところが多いので」

木林さんの掃苔ルートを仮に①②③とすると、①の浄心寺が済んだ時点ですでに午後二時に迫っていた。残り三時間程度で②③を巡ろうと思うと気が急いた。

急いで②の霊園へ行ってローラーを開始した。

「そしたら、少しして、さっきの奴が隣の通路を歩いていることに気がつきました」

間違いなくあの男は同好の士だ、と木林さんは確信を深めた。同じコースを選ぶとは気が合いそうだと思い、話しかけたい衝動も覚えたが……。

「待て待て、声を掛けたりして彼に余分な時間を使わせちゃいけない、と自分を引き留めました。時間に追われているのは彼も僕と一緒のはずですからね」

やがて③の「清澄白河浄苑《きよすみしらかわじょうえん》」に木林さんが移動すると、そこにも彼は現れた。

木林さんは「異常に気が合うなぁ。偶然かしら？」と少し不思議に感じた。

ここは寺町。霊園は数多いのである。三ヶ所とも順番まで同じようにローラーするなんて……。

「少し奇妙に感じて、初めてそいつの方をしっかり振り向いて注意して見たんですよ」

墓石に隠れて下半身は見えなかった。清澄白河浄苑は複数の寺院が共有する共同墓地で、関東大震災後に設けられてから年月を重ねて、今や墓がひしめきあっている。

私が見た感じでは、面積に対する限界を超えつつある印象で、狭い通路の両脇にみっしりと墓石が連なっていた。

「墓石と墓石の間を通る瞬間を見逃さないように目を凝らしていたら、野球帽を被った灰色の横顔がはっきり見えました。何かの比喩じゃなくて、本当にグレーでした！」

黒と白の中間色のグレーの顔に驚いて、あらためてその男の体を観察すると、モノクロ写真を切り抜いて景色に貼りつけたようだった。黒っぽい服装ではない。現実にはありえないモノトーンだ。

「こいつ幽霊だ！　しかも僕にくっついてるんだ！」

木林さんは心底ゾッとした。方向転換も難しい通路の幅が急に恐ろしいものとして実感された。こんなところで正面から迫ってこられたら鉢合わせしてしまう！

「……必死で墓地から逃げ出しました。追いかけられてる気がしたけど、振り返らずに一目散に墓地から出て、清澄通りまで走りつづけました」

実は木林さんは、当時は清澄白河浄苑より東の方の江東区南砂《みなみすな》に住んでいたので、西の方角の都道四六三号線の清澄通りは逆方向になる。

「わざとそうしたんです。幽霊が家までついてきたら困るから、まこうと思って」

にぎやかな清澄通りに出ても、まだ安心できなかった。人通りを求めて急ぎ足で大江戸線の清澄白河駅へ向かい、駅周辺を歩きまわった後、蕎麦《そば》屋に飛び込んだ。

蕎麦は精進料理で、修験《しゅげん》道であれば心身から穢《けが》れを取り除く五穀《ごこく》断ちの修行中でも唯一口に出来る穀類（昔は蕎麦は野菜の一種と思われていたらしい）だ。もっとも木林さんは野生の勘で蕎麦屋に飛び込んだということだが。

「お蕎麦をすすっているうちに幽霊が去ってくれた感じがしてきて、食べ終わると真っ直ぐうちに帰りました。それっきり、夜になってもあいつは出てきませんでした」

このことがあって以来、木林さんは、幽霊はモノクロ写真のように見えるものだと信じている。

火炎地獄の女像

木林さんが最後にモノクロの幽霊（と彼が信じている怪しい男）を目撃した「清澄白河浄苑」は、関東大震災後に東京市（旧東京府の府庁所在地。現東京都）の要請と指導を受けて、近在の墓を集めて造られた共同墓地だ。死者が多く出たため必要に迫られたのであり、付近一帯の震災被害は凄まじく、木林さんが最初に行った「浄心寺」には江東区最大の関東大震災の慰霊碑である「関東大震災殃死者《おおししゃ》慰霊塔」が建てられている。

この「関東大震災殃死者慰霊塔」は短い円柱状の墳墓にドームを載せた納骨堂を兼ねた「蔵魂塔《ぞうこんとう》」で、ドームには片膝を抱えてうずくまる裸女のレリーフが施されている。

火に追われてひれ伏している女の姿態だと言われているが、浄心寺が洲崎《すさき》周辺遊廓《ゆうかく》の遊女の投げ込み寺で、「洲崎 廓《くるわ》追善墓《ついぜんぼ》」と「元洲崎廓無縁精霊之供養塔」も有することを思うと、しどけない裸体の浮き彫りがにわかに意味深に思えてくる。

現在の江東区東陽一丁目から東陽三丁目交差点「洲崎橋」にかけての辺りには、第二次大戦中の一九四三年（同一八）から終戦から半年後までの期間を除き、一八八八（明治二一）から一九五八（昭和三三）まで、大歓楽街が存在した。

関東大震災の後、浄心寺の境内が臨時の火葬場とされ、他所の火葬場と比べて著しく数多い二九六〇体もの遺体が荼毘《だび》に付されたそうである。そのうちには洲崎遊廓の遊女の亡骸《なきがら》も少なからずあったと思われる。

一九二一年（大正一〇）には二七七軒の娼家があり、遊女二一一二人を抱《かか》え、吉原に迫る規模を誇ると言われていたが、吉原と異なり洲崎遊女は公娼ではなく、立地も堀と海で逃亡を阻まれた、より苛酷な環境に置かれていたとする説がある。関東大震災の折の洲崎遊廓についての資料はとても少ない。深川界隈は地震直後から始まった火災による被害が甚大で一面焼け野原になったというから、証言する者すら残らなかったのだろうか。

『東京大空襲・戦災誌　第一巻』に、逃げまどいながら「関東大震災殃死者慰霊塔」の裸像の前で一息ついた途端、鐘楼から炎が吹きおろしてきて危うく焼き殺されそうになったという一九四五年（昭和二〇）三月一〇日の東京大空襲のときの生存者の少し不思議な証言が載っている。浄心寺の霊園に逃げ込んだ人々はほとんど焼け死に、墓地の出入り口には折り重なった黒焦げの死体が山をなしたそうだ。

呪われた恋人

現在は執筆業を営んでいる木林さんは、大手広告代理店の子会社に勤めていた二九歳の頃、とある女性と恋愛関係にあった。一九九九年（平成一一）前後のことだ。

あるとき彼女がそれまで暮らしていたところから、目黒区の五本木に引っ越すことになった。彼女はわけあって母親と二人暮らしで、自身も両親を早くに亡くして妹と二人で暮らしていた木林さんは親近感を覚えていた。知り合ったきっかけこそ彼女が働くクラブに客として訪れたことだったが、その頃には彼女の母親にも紹介されており、結婚を視野に入れて真剣に交際していた。

彼女の新居は築三〇年の賃貸マンションの一室で、間取りは2LDK。母親と二人暮らしするにはちょうどいいと彼女は言った。

木林さんはどうしても外せない用事がたまたま出来て、引っ越しの手伝いには行けなかったが、彼女によると、室内は新築同然にリフォームされていて、母親も暮らしやすそうだと言って喜んでいるということだった。

木林さんは、近いうちに新居を訪ねて引っ越し祝いをする約束をした。何も心配していなかったのだが、引っ越した日の翌朝、彼女が電話を掛けてきた。

夜の仕事をしている彼女が朝に電話を掛けてくることは珍しかった。

「どうした？　ガスや電気で何かわからないことがあった？」

「ううん。そうじゃなくて……。やっぱり止すわ。気のせいかもしれないし」

「何？　気になるじゃない。話してよ」

「……あっ、お母さんが起きてきたから、またあとで電話する」

そこで通話を終えたが、夜になっても彼女から連絡がないので、木林さんはクラブに会いに行ってみようと思った。ところが店に到着する前に仕事上のトラブルで職場に呼び戻されてしまった。

翌日は、木林さんから彼女に電話した。「大丈夫？」と訊ねると、「う、うん」と返事がおぼつかない。やはり何かあると直感して追及すると、彼女は重い口を開いた。

「この部屋、オバケが出るみたい。廊下で足音がしたり、お母さんが掃除をしたすぐ後なのに長い髪の毛が落ちていたり。お母さんは気のせいだって言ってるけど……」

そのとき、電話の向こうで彼女の声が妙に遠くなった。

「……お……だ…………して…………でも……」

「ん？　よく聞こえないよ。なんだって？」

「……から平気よ。じゃあ、またね」

「えっ、ちょっと！」

一方的に電話が切られてしまった。少しモヤモヤしながら妹にこのことを話すと、彼女に会ったことがある妹は「女の生霊じゃない？　彼女、クラブで売れっ子だし、美人だから」と笑いながら言った。

そう言われてみれば、都心のマンションに引っ越したことなども含めて、彼女はたしかに同性から嫉妬されそうな女性だと木林さんも思ったが、生霊なんて存在するわけがない。妹も冗談で言っているのだし……。

その後大きな仕事が入り、数日間、彼女とゆっくり電話で会話することも出来なくなった。休みが取れたらデートする約束をメールで取り付けて、その日を待ちわびた。

デート当日、約束した場所に現れた彼女の姿を見て、木林さんは驚いた。

一目見てわかるほど痩せて、やつれていたのである。「どうしたの！」と訊ねると、彼女は目に涙をためて「頑張って気のせいだと思おうとしたけどダメみたい」と答えた。

「私、見ちゃったの。廊下を女の人が歩いてた。一度きりじゃなく、何度も……」

真っ直ぐなロングヘアの女が廊下を歩いて、彼女の寝室に入っていくのだという。女はワンピースを着ているようだが、全身が灰色にぼやけていて、顔立ちや細かなところはわからない。「若くて綺麗な人だという気がする」と彼女は言った。

その日は「何かあれば力になるよ」と励まして、精のつくご馳走を食べさせ、母親にあげるお土産を持たせて、帰りはタクシーでマンションの建物の下まで送った。

部屋について行くつもりだったのだが、マンションに到着する寸前に携帯電話に着信があり、彼女が気を遣って「ここでいい」と言ったのだ。直後に間違い電話だったことがわかったが、そのとき彼女はすでに建物の中に消えていて、タイミングを逃した恰好だ。

木林さんはそれからは毎日彼女と密に連絡を取ることを心掛けた。彼女も一回話してしまって安心したのか、体験した怪奇現象について逐一報告してくれるようになった。

日を追うごとに怪異の頻度が増していっているように感じていた矢先、明日で引っ越しから一ヶ月目という日の夜一〇時、木林さんの携帯電話に彼女から着信があった。

「助けて！　さっき、知らない女に、お風呂で髪を引っ張られた！」

シャンプーしている最中に、後頭部の髪の毛をむんずとつかまれて思い切り引っ張られたそうだ。力づくで頭を引き起こされたら、自分の背後に立つ見知らぬ女が目の前の鏡に映っていたのだという。女の顔は灰色にぼやけて細部が見えなかったが、憤怒の表情だということはわかった。悲鳴をあげた途端、女の姿は掻《か》き消えた——。

髪がゴッソリ引き抜かれてしまったと涙声で話すのを聞いて、木林さんは居ても立ってもいられなくなった。またしても携帯電話が何度か鳴ったが、今度はお構いなしに真っ直ぐに彼女のもとへ駆けつけた。そして部屋のドアを開けてもらったのだが……。

「僕は一歩も中に入れませんでした。物凄く邪悪な感じが部屋じゅうに渦巻いていて、とにかくすぐにここから出ろと叫ぶのが精一杯でした」

彼女と母親は木林さんに素直に従って、身の回り品とわずかな着替えだけ持って部屋を出た。それきり彼女たちがここに戻ることはなかった。次の引っ越し先が決まるまでのホテル代は木林さんが負担し、引っ越しは業者に任せた。

ホテルに移動したらたちどころに怪奇現象が止んだ——彼女と母親の周りでは。

「お兄ちゃん、何か連れてきたでしょう？」

妹と同居するマンションに深夜帰宅し、翌朝、起きてみると仏壇の御鈴《おりん》と御座布が上下逆さまになって、鈴が鳴らせないようにされていたのだ。妹に睨まれた木林さんは死にそうな気分で、「それどころじゃないよ！」と返した。

「なかなか寝つけなくて、ようやく、うとうとしかけたとき、息苦しくて目が覚めたんです。そしたら僕の胸の上の何か座ってたんです。狐《きつね》か犬か何か……動物みたいに見えました。重くて息が出来なくて、苦しくてたまらず、気を失ってしまいました」

木林さんは取材を通じて、千葉県市川市にある「中山法華経寺《なかやまほけきょうじ》」に行けば徳の高いお坊さんにお祓《はら》いをしてもらえることを知っていた。木林さんは「エクソシストみたいな行者さん」と私に説明したが、中山法華経寺は、心身を物理的に痛めつけて苦しみに耐えた者だけが秘法を授かるという、日蓮宗の修行「荒行」を今も行っている数少ない寺院だ。

命を落とす者もいるという危険な荒行により秘法を得た行者には、どんな霊障をも祓《はら》う力があるという。木林さんは妹を連れて、すぐに中山法華経寺を訪れた。ところが彼を見た途端、霊験あらたかなはず僧侶が腰を浮かして逃げを打った。

「私には無理だ！　もっと力のある行者を紹介するから一週間後にまた来なさい！」

そこで翌週のその日まで毎晩、謎の獣に胸に乗っかられる羽目になった。結局は紹介された高徳の僧侶がしっかり霊障を取り除いてくれたから幸いだったのだが。

お祓いをしてくれた僧侶によると、彼女を呪い殺そうとしていた何者かが、邪魔をした木林さんに対して激怒していたということだ。

それから間もなく、木森さんと彼女は別れてしまった。合うたびに恐いことを思い出してしまうので、お互いに何となく気まずくなったことが原因かもしれないと木森さんは言う。

天窓

前項で書いたように、木林さんと妹は、両親を早く亡くしたせいもあり、東京都内の賃貸マンションで長年同居していた。しかし、やがて二人とも中年に差し掛かると、リタイア後の人生も考えないわけにはいかなくなってきた。

兄から独立して中古マンションを購入したいと妹が言い出したのは二〇〇一年頃、妹がちょうど四〇歳になったときだった。今後ずっと高い家賃を折半しつづけるのは合理的でない、働けるうちに終《つい》の棲家《すみか》を確保しておきたいというのがその理由で、妹は「一生モノの買い物をするんだから、お兄ちゃん協力してよ」と木林さんにせがんだ。

兄妹は都内でも浅草や深川といった下町の雰囲気が好きで、これまで暮らしてきて土地勘もあった。なかでも、営団地下鉄東西線や前年（二〇〇〇年）に多くの駅が開業した都営地下鉄大江戸線の乗り入れ駅がある江東区の三好や平野、門前仲町《もんぜんなかちょう》の辺りは利便性に優れている上に、寺町ならではは落ち着きが好もしいということで意見が一致した。

そこで不動産屋にお願いして、その辺りのめぼしい物件をいくつか見せてもらうことになったわけだが、二、三件目に見せてもらった中古の分譲マンションで、木林さんは何やら嫌な気配を感じた。具体的にどうのというわけではない。強いて言えばリビングルームの天井にある天窓が気になった。中層マンションの最上階にある角部屋で、北側の天井が傾斜しており、傾斜の頂点に近い位置に小さな嵌《は》め殺しのガラス窓が設けられて、四角く空が覗いていた。

おまけにベランダに出てみたら寺院の墓地が間近に見えて、自分だったらここに一生住むのは遠慮したいと思った。

しかし妹は「見晴らしがいい」と喜んだ。天窓も「洒落《しゃれ》ている」と言うのである。たしかに、その部屋はモダンなデザインのリフォームが隅々まで施されていた。価格も妹の予算内とあって、案内してきた不動産屋も熱心に勧めた。妹はすっかり乗り気で台所や浴室を不動産屋に案内してもらいはじめたが、木林さんはあちこち見る気になれず、リビングルームに留まった。

ひとり取り残されると、やはり天窓の存在が気になった。薄曇りの昼間で、明るいグレー一色に染まった空が見えていた——と、窓枠の上の方から何か丸みを帯びた物体が被さってきた。汚らしい灰色をした何か。

それが人の頭頂部だとわかって木林さんは腰を抜かしそうになった。そいつは、じわりじわりと正体を現していった。額、目鼻、顎……首の付け根まで出て止まった。白っちゃけた灰色の肌をした男の年寄だ。しかし皮膚の色といい、濁った眼球といい、だらりと弛緩しきった表情といい……どう見ても死骸のようだった。

そもそも生きている人間、しかも老人が、ビルの最上階の傾斜した外壁に頭を下にしてしがみついて天窓から覗くなどということが出来るわけがない。

そいつが、ガラスに鼻先を擦りつけそうな至近距離で逆さまに天窓から室内を覗いている。……いや、木林さんを凝視している。瞬きもせずに、じいっと。

ウワァ、と木林さんは悲鳴をあげたつもりだったが、怖すぎて声が出なかった。よろめいて背中を壁につけ、目を見開いて天窓の老人を見つめ返すばかり。

そこへ、妹と不動産屋が戻ってきた。木林さんは「次の物件を見に行きましょう！」と二人を急かした。「どうしたの？」と不審がる妹を「とにかく出よう！」と部屋の外へ追い立てた。

幸い妹は、その後もっと気に入った物件に出逢ったので、木林さんがそのマンションに足を踏み入れることは二度となかった。

浜町の足音　一

引き続き木林さんの逸話。当時、中央区日本橋にあった東京テレビセンターの浜町スタジオで一九八八、九年（昭和六三～平成一）にテレビCMを収録している際に、音声さんが雑音が入ったと言って何度も録り直すという出来事があった。

木林さんは当時プロデューサーに昇格して間もない頃だった。会社の先輩たちから「浜スタの画《え》のスタジオは出来るだけ使うなよ」と忠告されていたが、師走の忙しい折でもあり、このCMに起用した「超」がつく売れっ子男性アイドルタレントのスケジュールと、サイケデリックなCGの背景を合成するので「白ホリ」があるスタジオを使いたいという両方の都合に合わせると、浜スタを使う以外に選択肢がなかった。

白ホリとは、白いホリゾントの略で、白い壁と床の接合面をアールで繋げて境目が分からないようにした撮影設備のことだ。浜スタの撮影スタジオでは、白ホリの後ろに通路があった。この通路の方から物音がすると音声さんがワンテイク目で訴えた。同録（音と映像を同時に採録すること）なので余計な音が入れば撮り直すしかない。

　木林さんは白ホリの後ろの通路の出入り口にスタッフを立たせて、人が通らないように見張らせることにした。ところがツーテイク目では、音声さんは、「さっきよりはっきり聞こえる」と顔を引き攣《つ》らせて言った。そこで、通路の出入り口を両方ともカポックなどで塞いでみたところ、スリーテイク目からは余分な音が入らず、無事に収録できた。

　この録画の編集作業中、木林さんは、ふと、ＮＧになったワンテイク目とツーテイク目の「雑音」とはなんだったのかが気になり、休憩時間中に確認してみた。

　ワンテイク目では、確かにゴトゴト何かが鳴っているものの、なんの音だかわからなかった。ツーテイク目を聴いて、木林さんはたちまち背筋を凍らせた。

――タッタッタッタッ……。

　走る人の足音がはっきりと録音されていたのだ。ホリゾントの後ろを繰り返し繰り返し、何者かが駆け抜けているとしか思えなかった。

「その後、先輩と呑んだときにこの話をしたら、そんなことは珍しくないという反応が返ってきて、浜スタにはアナ・ブース（ナレーション録りをする設備）で録ると変な声が混ざるとか、他にも怪奇現象が起こる場所があると教えられました。テレセンの場所で昔、何かあったんじゃないですか？　川奈さん、調べてみては如何《いかが》です？」

浜町の足音　二

浜町スタジオに響く〈足音の怪〉をきっかけにして、浜町の歴史を紐解いてみた。

「走っている人が急にパッと燃え出す。走っている姿そのままに、火の塊《かたまり》となって倒れてゆく」（『東京大空襲・戦災誌　第一巻』より）。

「日本橋区浜町にあった明治座は歌舞伎や芝居の殿堂だった。警防団の人たちが明治座の隣に立っていた倉庫の扉を開けようとしているところだった。（略）扉の中は、木製の茶色いマネキンが裸でぎっしりと詰まっていた。

『なんだ、マネキンか』

戻ろうとした瞬間、警防団が一体引き出すと、〝マネキン〟は口から血を吐いて寿美子さんの前にどさっと倒れた。熱風で蒸し焼きになった人間だった」（「週刊朝日」二〇一五年〈平成二七〉三月二〇日号より）

日本橋浜町の一帯は江戸時代には松平三河守《みかわのかみ》をはじめ諸大名の武家屋敷が建ち並ぶ武家地だったが、明治に入り廃藩置県で社会情勢が大転換すると、花街《はなまち》に様変わりし「芳町《よしちょう》」と呼ばれてにぎわった。

その後、関東大震災の折の日本橋界隈の火災により、芳町は焼き尽くされた。日本橋区（当時）の約二万三〇〇〇世帯の焼失所帯率は九三・二パーセント。東京市中最大の被害を被った土地で、生存者の多くが隅田川に架《か》かる橋に逃れて助かったことから、火災時の避難場所として開けた土地を確保することの重要性に為政者《いせいしゃ》が気づいたと言われている。

そこで、震災後に「浜町公園」が造られたということだ。

ところが第二次大戦が始まると、陸軍がここに高射砲の陣地を置いた。軍の施設があるため浜町一帯は米軍による爆撃の標的となり、三月一〇日の東京大空襲で再び灰塵《かいじん》に帰することになった。

結局、震災の教訓は生かされなかった。集中的に爆撃されたことに加え、軍は民間人を高射砲陣地から締め出した。兵隊の目をかいくぐって浜町公園に潜り込めた人々もことごとく死んだ。隅田川対岸の深川の町で燃え盛った炎が猛烈な勢いで水平に川を渡って押し寄せたのだ。火の濁流が平地を舐め、逃げまどう人々は次々に倒れた。

明治座は、当時すでに鉄筋コンクリートの近代的な建物だったことが仇《あだ》となった。堅牢な造りから避難所の役を果たすことが周知されていたので大勢の人々が逃げ込んだのだ。しかし楽屋口から火の粉が入って屋内に火災が広がって手がつけられなくなると、気密性の高い室内はたちまち異常な高温となった。

そこで人々は扉を開けて脱出しようと駆け出したが、外に待ち受けていたのは周辺地域の長時間にわたる大規模火災によって異常な高温に熱せられた大気だった。

「それからどのようにして扉が開いたのか覚えていない。……人びとがドッと外へ飛び出した。人びとの姿がパッと炎に包まれる。バッタリと倒れたまま動かない人。そのうえに折り重なって倒れていく人」（『東京大空襲・戦災誌　第一巻』より）

阿鼻叫喚《あびきょうかん》の地獄絵図。外へ飛び出せば火の海に巻かれ、走りながら焼け死ぬ。かといって中に留まっても……。明治座は巨大なオーブンと化して閉じ込められた人々をじわじわと蒸し焼きにした。その数は空襲直後の警察発表では三四八名だったが、少なすぎると言って疑問視する声もあった。当時から、明治座で亡くなったのは一五〇〇人だ、いや三〇〇〇人だと諸説あり、未だに判明していない。

終戦から七〇年以上が過ぎた二〇一七年現在、浜町の河岸《かし》一帯はお盆の頃の怪談話に登場する場所の常連になりつつある。

旧東京テレビセンターと明治座、それから隅田川の岸辺や橋での心霊現象目撃例はいくつもあって、読み物としては新味に欠けるかもしれない。

近頃では、浜町公園での怪奇現象もインターネットに報告されているが、浜町公園の怪談は「無理筋だ」という意見もある。

死んだ人々がすべて幽霊として現れたなら、浜町界隈は立錐《りっすい》の余地がなく幽霊に埋め尽くされるはずだ。

東京大空襲全体でおよそ一〇万人もの遺体が上がった。しかし身元が判明したのは約三万人で、残り七万柱の霊は家族によって弔《とむら》われることなく今に至っている。

猛火に追われて走りつづけている魂があるとしたら、あまりにも哀れだ。

明治座の「君が代」

前項のこぼれ話をひとつ。

浜町に現存する「明治座」を訪れた際、どこからともなく「君が代」が聞こえてきたら、気のせいではなく、件《くだん》の大空襲で亡くなった人々の声かもしれない。

一九四五年（昭和二〇）三月一〇日の東京大空襲の際に、明治座の前にあった防空壕に避難して助かった人の証言が残っている。それによると、燃え盛る明治座の屋上から「君が代」の大合唱が聞こえていたのだという。

「はっきりと、今も耳に残っています。荘厳な大合唱という感じでした」（『東京大空襲・戦災誌　第一巻』より）

一階から二階へ、さらに上の階へと火に追われ、ついに屋上に追いつめられた人々の最期の合唱。籠められた思いは如何なるものだったか……。

親子が引き裂かれ、あるいは共に拷問に等しい苦痛の果てに残酷な死を迎えるとき、彼らの胸にあったのは、お国への忠誠心だけではなかったはずだ。

私には怨嗟《えんさ》の木霊《こだま》が聴こえるような気がするのだが、どうだろう?

訪ねてきたお母さん

今は都内の広い一戸建てで悠々自適な生活を送っている北さんは、暮らしにゆとりが生まれるにつれ、母と二人で苦労した時分を想い出すようになってきたという。

北さんの父は、彼が子供の頃に大病を患《わずら》い、二〇年も寝たきりになった末に五〇代で死んだ。艱難《かんなん》辛苦の果てに母が逝ったのは一九七八年（昭和五三）の六月一日のこと。

深夜から未明にかけて新聞をトラックで輸送する仕事をしていた北さんが朝方帰宅したとき、いつもならとっくに起きている母がこの日に限ってまだ寝ているのでおかしいと思ったら、眠ったまま事切れていた。

母の死因は脳溢血《のういっけつ》だった。享年六一。楽をさせてやる前に喪《うしな》ってしまったことが、当時二八歳の北さんには悔しかった。

母子で暮らしていたアパートは環状七号線沿いにあった。ひっきりなしに車の轟音と地響きが伝わってくる、鉄製の外階段を上ってすぐの二階の一室だ。

大人が二人立つことも出来ない狭い三和土《たたき》を上がると三畳の台所。玄関の正面にあるガラス障子の引き戸を開けると、六畳間と八畳間が境い目に襖《ふすま》を挟んで続いている。八畳間には、母が亡くなる前から父の位牌《いはい》と骨壺を祀《まつ》った仏壇があった。

北さんは母の死後、家族の墓を建てて、両親の骨壺を納めた。仏壇には母の位牌も加わった。母の生前からの習慣で八畳間との襖を立てて、六畳間で寝起きする生活を続けた。

長い間、母と二人で、お互いに倒れないようにつっかえ棒をし合って生きてきた。

独りきりになっても、北さんは、すぐには暮らし方を変えられなかった。遊びを知らず、それまで恋というものもしたことがなかった。夜中の新聞輸送トラックの仕事は性に合っていたけれど、勤務中も独り、帰宅しても孤独。

母の死後二年も独りぼっちでいたら、会話の仕方も忘れかけた。

三回忌の七月、東京の盆の入りの日、休暇をもらって珍しくまともな時刻に床に就いた。

しばらく眠っていたが、突然、意識が覚醒した。頭は冴え冴えとしているが、瞼《まぶた》が開かない。手足も動かせない。「金縛りだ」と思って怖くなったが、声も出せなかった。

——と、そこへ、鉄の外階段に聞き覚えのある足音が響いた。

カン、カン、カン、カンと一歩ごとに変な間が空いている。母には高血圧と狭心症の持病があり、心臓に負担をかけないようにと医者から厳重注意されていた。だからいつも一足ごとに踏みしめながら、ゆっくりと外階段を上った。カン、カン、カン、カン、と、ちょうどこんなふうに。

階段を上がれば、すぐにうちの玄関だ。合鍵で鍵を開けて三和土《たたき》に立った気配がしたかと思ったら、脱いだサンダルの片方を三和土のコンクリートにパタッと落とす音がした。

最初に脱いだ方をパタッと落とすのは、母が靴《くつ》を脱ぐときの癖だった。その後、屈んで靴を揃えるしぐさまで目に浮かんだ。

もはや母としか思えない何者かは、立ち上がって、一歩、二歩、三歩……台所の板敷をかすかに軋《きし》ませて近づいてくると、北さんが寝ている部屋のガラス障子を大きな音を立てて開いた。

畳の上を、ややすり足で来る。ああ、この歩き方、やっぱりやっぱりお母さんだ、と思ったが懐かしさよりも恐ろしさが先に立った。

金縛りで逃げようがないということが恐怖に拍車を掛けた。

枕もとに座り込んだ母が自分の顔を覗き込みながら、布団に手をついて覆いかぶさってきたのが物音と気配でわかった。冷たい息が口もとに掛かって戦慄し、喉の奥で悲鳴の塊を張り裂けそうに膨らませたら、ようやっと金縛りが解けた。

「体が自由になると同時に、布団の上にガバッと起きました。全身汗びっしょりで……。うっすらと朝陽が布団や畳の上に差していました。それで明け方だとわかりました。母の姿は消えてましたが、閉めたはずのガラス障子《しょうじ》と襖《ふすま》が開いていて、奥の部屋の仏壇が僕が寝ているところから見えたので、思わずすぐに仏壇に飛んで行って成仏してくれと祈ってしまいましたっけ。

だけど後になって、あのとき母は僕のことを心配して出てきてくれたのに違いないと思うようになったんですよ。

父も若くして亡くなりましたが、父方の家系には短命の傾向がありました。そのせいで、母は生前、僕に、三〇までに結婚しろと口を酸っぱくして言ってたんです。ところが三〇歳になっても僕は相変わらずトラックと寝床を往復するだけで、独りっきりで暮らしてたでしょ？　だから見るに見かねて出てきちゃったんでしょうね。

怖がって申し訳なかったなぁ。『お帰りなさい』と言って歓迎してあげればよかったと今は反省してます」

母の来訪からほどなくして、北さんはある女性と出逢って結婚して一子に恵まれ、仕事上でも好い転機が訪れて公私ともに充実した。孤独な夜の日々が今や夢のようである。

大きくてありえない物に遭遇した話

北さんは今までに何度か、巨大で不思議な物を目撃したことがあるという。最初に見たのは一九五八年（昭和三三）頃、七歳か八歳だったある春の日の朝、家族と住んでいた長屋の窓を開けたら荒川の土手の向こうに富士山が見えた。純白の雪を頂いた山頂から左右の山裾までくっきりとした、銭湯のタイル画のような、それは見事な富士山だった。

葛飾区小谷野《こやの》町（現、堀切《ほりきり》四丁目）の堀切橋のたもとにある我が家はクランク状の路地の奥にあって、窓を開けても、いつもは大家さんのうちの壁しか見えない。慌てて父を呼びに行ったが、父が来たときには富士山は消えて、いつもの景色に戻っていた。

それから間もなく再び謎の物に遭遇した。群青色に暮れた夕闇の中、アルマイトの鍋を持たされて近所の豆腐屋に豆腐を買いに行かされた。空にはすでに星が瞬きはじめていた。夜空を眺めながら歩いていたら、土手の向こうから巨大な黄色い「☆」がお日様のように上がってきたと思ったら、七色の虹の尾を引いて頭の上を飛び越えていった。葛飾の街の上を低空飛行して、最後は遠くの高い建物の屋根に隠れて見えなくなってしまったが、五つの角を備えた星のマークの形をしていて、客船のように大きかった。

三度目と四度目の不可思議は、父が病に倒れた後、伯父の家に預けられていた時期に見た。伯父が参加する町会の夏のバス旅行で神奈川県の三浦海岸に行ったとき、波打ち際でひとりで水遊びしていたところ、一〇メートルぐらい先の至近距離と言っていい水面に潜望鏡が突き出してきた。潜水艦の潜望鏡のようだと思い、ギョッとして注目していたら徐々に水中から浮かび上がってきたのは、まごうかたなき潜水艦。二トントラックよりも大きな黒い艦体を喫水線《きっすい》まで現して、再びゆっくり海の中に沈んでいった。我に返り、そばにいた従兄《いとこ》を大声で呼んで話したが少しも信じてもらえなかった。遠浅の三浦海岸で波打ち際から一〇メートル程度では、物理的にも潜水艦が潜れるはずもなかった。

預けられた伯父の家は、浅草で靴《くつ》の木型を作る工房を営んでいた。一階が工房で、二階が家族の住居だった。夜間中学に通いながら工房で働いていた頃、夜中に轟音がして窓ガラスがビリビリ鳴った。何かが家の前の道路を走ってくる！　飛び起きて一階の出入り口から飛び出すと、小山のように大きな自衛隊の戦車が工房の屋根の庇をかすめるようにして通り過ぎた。このときも自分以外の目撃者がいなくて、誰にも信じてもらえなかった。

五度目に妙な物に遭ったのは新聞輸送の仕事をしていた三五歳の頃、二トントラックを転がして都内を出発し、第三京浜道路を神奈川県方面に向けて走っていたら、左側の車道のフェンスの方がカメラのフラッシュを焚《た》いたように白く光った。

見れば、眩しい白金色の光の塊が現われていた。直径一〇メートルほどでミニチュアの満月のようだと最初は感じたが、次の瞬間には、光の球がフェンスに沿ってグーンと伸びて、幅一〇メートルぐらいの帯状になった。

お月様色の帯は、自分のトラックと同じ方向に走っていった。一キロもあるんじゃなかろうかという長さで、ついに完全に見失うまでには何分もかかった。

午前二時前後のことだったが、他にも車は通っていたし、派手な現象だったので、翌日のテレビや新聞で報道されるのを楽しみにしていたが、全然ニュースにならない。

奇妙だなと思ったが、居眠り運転を疑われると困ったことになると思い、それから退職するまで誰にもこのことは話さなかった。

子供の頃からの体験を経て、今や不思議な物に遭いやすいたちだという自覚が出来ているので、結局あれもそういうことなんだろうと解釈するしかなかったという。

事故

二〇〇〇年（平成一二）頃の夏、午前三時頃、北さんが新聞輸送トラックを運転していると、突然、目の前に白っぽい人影が現われた。ブレーキを踏んだが間に合わず、「ドンッ」と鈍い衝突音がすると同時に、なんともいえない嫌な感触がハンドルから両手に伝わり、人をはねてしまったことを彼は悟った。

「たいへんなことをしでかした！　僕の人生、終わってしまった！」

咄嗟《とっさ》に妻子の顔を思い浮かべて目の前が暗くなったが、まずは被害者の生死を確かめねばならない。まだ助かるかもしれない。北さんは一縷《いちる》の望みにすがり、よろよろと運転席から外に出た。

場所は東京都北区滝野川《たきのがわ》一丁目、飛鳥山《あすかやま》公園近くの明治通り（国道一二二号）の路上である。北さんのトラックは王子方面から池袋方面へ向けて走っていた。荷台は空で、もうすぐ家に帰れるはずだった。絶望感に打ちひしがれながら、はねてしまった人を探した。

しかし見つからない。腹ばいになってトラックの下も見てみたが、何もない。中央分離帯の植え込みの中や反対車線の方まで探したが、事故に遭った人の痕跡すらなかった。

そのうち、北さんはおかしなことに気づいた。午前三時過ぎという交通量が少ない時間帯であるにしても、トラックの運転席から降りたときから、一台も車が通りかかっていないのだ。毎日似たような時間帯に通る道であり、いつもならこのぐらいの時刻でもトラックやタクシーなどがちらほら走っていることを北さんは知っていた。

反対車線にも車の影もない。少し怖くなってきて耳を澄ましてみて、さらにゾッとした。……まったくの無音状態だったので。

盛夏だというのに、虫の声すらしないなんてことがあるだろうか？　あらためて辺りを見回すと周囲の建物の明かりがすべて消えていて、人気がまるで感じられなかった。

北さんは大急ぎでトラックに乗り込んでエンジンを掛けた。白山通りの交差点に差しかかるまでの数分間は、街の明かりも車も人も消えた真っ暗な中を走ったが、交差点を左折した途端、車や明かりが戻って、いつもの景色になった。

あのとき自分は、人をはねた瞬間に、別の世界にトラックごと飛ばされたのではないか、と今では北さんは思っている。

「そもそも僕がはねたのは人だったんでしょうか？　髪型も服装も思い出せないんですよ。白っぽい人型の塊だったことだけは確かなんですけどね」

用水路の老婆

神奈川県小田原市は生活・農業用水として取水可能な河川を複数有し、古くから城下町として栄えた経緯もあって、戦国時代に北条《ほうじょう》氏が城下町を潤すために施設した日本最古の上水道「小田原用水」や、疎水百選や日本土木学会推奨土木遺産に認定された江戸時代の文化遺産「荻窪《おぎくぼ》用水」など、人工の水路も多い。

一九六九年（昭和四九）生まれの波多野《はたの》さんの実家は小田原市内にあり、家の裏庭に接するようにして水路が流れていた。水路の終点は小田原城のお堀で、第二次大戦の前までは周辺の住民が水路のほとりで洗濯や皿洗いをする景色も見られた。

波多野さんは物心つく頃から、昔、とあるお婆さんがこの水路で亡くなったという話を聞かされていた。なんでも、上流の川が氾濫したことを知らずに洗濯をしていたところ、急激に水路が増水して、一瞬で水に呑まれてしまったということだ。

お婆さんは波多野さんの家の先祖か使用人だったかもしれないが、大昔のことなので憶えている者はもう誰もいない――そんな話だったが、幼い頃の波多野さんは気にしないで、夏になれば水路にじゃぶじゃぶ入り、魚やザリガニを捕って遊んだ。

やがて成長してそんな遊びは卒業し、代わりに学校の同級生や後輩たちとつるむようになった。しばらくの間は水路の存在すら忘れていた。ところがあるとき、高校の後輩からこんな怪談話を聞かされて、思い出さないわけにはいかなくなった。

「先輩のうちの裏を流れてる水路って、真夜中になると、ずぶ濡れのお婆さんが這いあがってきて家に訪ねてくるって言われてますよ」

訪ねられた人は最悪の場合死んでしまう。助かったとしても気が狂ってしまって、元に戻れなくなるかもしれない――。

「そんなことあるわけない」と後輩の話を笑い飛ばした波多野さんだったが、それから三年ぐらい経った二〇歳の頃に、件《くだん》の老婆の訪問を受けてしまった。

夜、部屋で寝ていたら、片隅に置いてあったパイオニアのラジカセが突然すごいボリュームで鳴りだして目が覚めた。ラジカセには当時ハマっていた「レディーG」というジャマイカのレゲエ歌手のカセットテープが入れっぱなしになっていたのだが、それが勝手に再生されている。驚いて止めようとしたが、金縛りになっていて身動きが取れない。

混乱しながら、必死に目玉を動かして周囲の状況を探った。すると、寝る前に閉めたはずの部屋のドアが開いていて、そこに老婆が立っているのが目に飛び込んできた。

後輩が言っていた「ずぶ濡れのお婆さん」だと直感した。老婆は、ざんばら髪の毛先から水を滴らせていた。着ている灰色の浴衣も濡れそぼって、痩せた体に張りついている。そして、不気味に白く濁った眼をじっと波多野さんに向けていた。

そのとき、波多野さんは尾てい骨の辺りに衝撃的な熱さを感じた。

声が出せたら悲鳴をあげていただろう。真っ赤に溶けた鉄をドロドロと流し込まれるような恐ろしい感覚が尾てい骨から始まって、たちまち背骨を這いあがってきた。

この熱感が頭まで来たらお終いだと思い、波多野さんは死に物狂いで老婆を睨み返した。ついに頸椎《けいつい》が熱くなってきて、もうすぐ自分は気が狂ってしまうか死んでしまうに違いないとはっきり自覚したら、そこで金縛りが解けて、老婆の姿が掻き消えた。

いつのまにかラジカセも止まっていたが、ドアのところの床にはバケツの水をぶちまけたような大きな水溜まりが出来ていた。

枕もとの目覚まし時計を見ると時刻は午前二時で、こんな時刻に大音量でラジカセが鳴ったら誰か起きてきそうなものなのに、家の中は静まり返っていて、みんな熟睡しているようだった。朝になって家族に訊いてみると、やはり誰も何も気づいていなかった。

床の水たまりは、夜が明ける前に波多野さんが自分で雑巾《ぞうきん》で拭いた。そのままにしておくのが気持ち悪くてたまらず、一刻も我慢できなかったのだ。

水は裏の水路の臭いがした。

埋没毛

杉並区に住む会社員の牧野さんは、ぬいぐるみ作りを趣味にしている。クマやイヌなど動物のぬいぐるみを作ることもあるが、人間の幼児を模したぬいぐるみ人形をこしらえるのがとくに好きで、周囲の評価も高い。

あるとき職場の同僚の男性から、もうじき五歳になる娘のために人形を作ってくれと頼まれた。人に注文されて作ることはたまにあり、いつも気前よく応じていたから、このときも迷わず承諾した。

誕生日プレゼントにするからちょっと良い物にしてほしい、ついては材料費を惜しまないというので張り切って作りはじめたが、人形の頭に髪（毛糸）を植えつける作業を失敗してしまった。

綿を詰めた布製の頭に針を刺して、せっせと毛糸を縫い込んでいたところ、誤って左側のこめかみまで植えつけてしまったのだ。気づいたときにはもう夜遅かったので修正は後回しにして、翌日出勤すると、件の同僚から、人形のことは忘れてほしい。娘の気が変わり別のプレゼントにすることにしたので、と言われた。

人形作りがうまくいっていたら腹を立てたかもしれないが、そのときはかえって好都合のような気もした。

髪の植えつけを失敗した人形の頭は、あげるあてがなくなったら途端に直すのが面倒になってきて、三日後の朝、可燃ゴミの回収日にゴミと一緒に捨ててしまった。

人形の頭を捨てた日の晩、牧野さんは顔を洗っていて左側のこめかみにザラッとした違和感を覚えた。鏡で見てみると細かい吹き出物がそこにだけ集中していっぱいできている。化粧品にかぶれたのかもしれない。一晩寝ればよくなるだろうと思った。

けれども左のこめかみの吹き出物は次第に悪化した。一〇日も経つとひとつひとつが膿《うみ》を持ちはじめた。明日は会社を休んで皮膚科で医者に診てもらおうかな。夜、思案しながら洗面台の鏡でつぶさに吹き出物を観察していたら、とくに大きな出来物の中に黒い点を発見した。急に潰してみたくてたまらなくなり、ステンレスの毛抜きの先で突き刺した。

膿が飛び出してくるまでは予想していたが、その後に吹き出物の奥から出てきた物には驚いた。最初は産毛だろうと思った。しかし違った。

毛抜きで黒い物の先をつまんで引っ張ったら、長い髪の毛がズルズルズルーッと出てきたのだ。悲鳴をあげながら牧野さんは吹き出物から髪の毛を最後まで引きずりだした。髪の毛は二〇センチ以上あった。引き抜くときに吹き出物の開口部にチラッとコイル状に巻いた部分が見えたので、とぐろを巻いて吹き出物の内部に納まっていたらしい。

牧野さんは引きずりだした毛をティッシュで包《くる》んで、翌日、皮膚科を受診した際に、診察してくれた医師に見せた。

医師は顕微鏡を使って観察し、「普通の髪の毛です」と言った。そして牧野さんの左のこめかみに出来たすべての吹き出物から〈埋没毛〉を取り出す手術を勧めた。

皮膚の下で毛が伸びれば伸びるほど吹き出物が悪化するからと諭されたが、そんなことを聞かされるまでもなく、牧野さんは自分の顔に奇妙なものをくっつけておくのが嫌でたまらなかったので、その場ですぐにやってもらった。

取り出された埋没毛は全部で一二本もあった。傷口にガーゼを当てて翌日会社に出勤すると、娘のために人形を作ってほしいと言っていたあの同僚が昨日のうちに退職したことを知った。上司によると、ろくに事情も言わず、強引に辞めてしまったそうだ。

牧野さんは話のついでに、上司に人形のことを話した。

「そういえば先日、娘さんに人形を頼まれていたんですけど、完成させる前に、急にいらないと言われたんです」

「娘さん？」と上司は怪訝《けげん》そうに訊き返した。

「子供がいるなんて聞いたことがないよ」

牧野さんは鳥肌が立つような思いがして、彼について上司からそれ以上の詳しいことは聞かなかった。

まだ何か奇妙なことが起こるのではないかとその後も不安だったが、吹き出物の痕《あと》も数週間後にはすっかり消えて、以来、左のこめかみを含めどこにも異変の兆しはない。

しかし、頭に毛糸の髪を植えつけるタイプの人形を作るのはやめてしまった。

「なんだか、針を刺すと痛い気がして」と言って、牧野さんは左側のこめかみをそっと撫《な》でた。

六本目の指

「幻肢痛《げんしつう》」というものがあるらしい。怪我などで失った手足や指があった頃の感覚を脳が忘れず、ないはずの部位に痛みを覚えたり、動かせるような気がしたり、という神経の錯覚の一種だ。

私がたまに行く揉み療治のクリニックの施療師、飯倉さんは「私の弟の体験も幻肢痛の一種かもしれません」と言って、こんな逸話を語ってくれた。

「私の弟は『多指症《たししょう》』で、生まれつき手足の指が六本ありました。赤ん坊のうちに手術して、本人は自分の六本目の指の記憶がありませんが、小一ぐらいのときに両親が話したので多指症だったことは知ってます。豊臣秀吉も六本指だったんですってね？　弟が中学生の頃、どこかで調べてきて得意げに教えてくれました。そんなことを自慢みたいに言うぐらいだからコンプレックスを持ってるわけじゃないと思うんですけど、最近は自分から他人にわざわざ話したりしないんじゃないかな？　賢い子だから。

弟は今、大学三年生で、一年半ぐらい前から付き合ってる彼女がいます。初めての恋人で、とても大事にしてるみたいです。

付き合いだした頃、彼女が弟に『手を繋いでるとき、指が六本あるみたいに感じる』と言ったそうなんです。弟はビックリして『どうしてわかったの？』と……。

私も初耳だったんですけど、弟によると、子供の頃からたまに切除したはずの二本目の親指がまだ生えているように感じるときがあったそうです。それは自分だけの秘密で、誰にもわかってもらえないと思ったから隠していたんですって。

でも彼女にはわかってしまった。多指症だったことは打ち明けていなかったのに。彼女によると、弟の手の六本目の指は親指の外側に生えていて、二本目の親指みたいに太くて力強くって、手を繋ぐと、彼女の手の甲をしっかり押さえてくれるんだそうです。

ごちそうさまって言ってやりたくなるような話ですよねぇ。弟は私にこの話をするとき、真っ赤になって照れてましたよ」

再会したタクシー運転手の話

「あれえ？　お客さん、先月お乗せした怪談好きな作家のセンセイですよね？　どうもこんばんは。今日もご自宅まで？　憶えてますよ。青山墓地のお近く。そうですよね？

怖い話、また聞きたいですか？　……では話します。先週の土曜の夕方に渋谷駅からお乗せした中年の男女が変わった人たちで、大きなスーツケースをお持ちなのに、それを後ろのトランクに入れたがらないんですよ。じゃあ助手席の方に置きますかって勧めたら、自分たちで持っておきたいから放っておいてくれって言うんです。

脛《すね》に当たって怪我でもされたら面倒なことになると思ったけど、二人とも頑固そうにムスッとした顔をしていらしたので、好きなようにさせることにして行き先を訊ねました。

そしたら竹芝桟橋《さんばし》まで行ってください、と。竹芝は大島や小笠原諸島に行くフェリーの発着場だから、夏になるとお客さんをお乗せして行くことがたまにあります。

ただ、夏にあっちの島に行くお客さんはたいがい観光客っぽいラフな服装で、態度も少し浮かれてるもんです。でも、その人たちは沈んだ感じで、わけありな雰囲気でした。会話しづらい空気だったから私も静かにしてたんですけど、走りはじめてすぐに、後ろから硬い物を握りこぶしで叩くような音が聞こえてきました。

コンコン、コンコン……って。お二人のうちどちらかがスーツケースを小突いてるんだなとピンときました。苛立つと机や何かをコッコツ叩く癖がある人っていますよね。触らぬ神に祟《たた》りなし。私、何も言いませんでしたよ。キレられたら困りますから。

でもね、コンコンコンコン、音はずっと鳴りつづけて、少しづつ叩き方が激しくなってきましてね。最後の方になると、ドシン！　ドシン！って。これにはさすがに怖くなって、『お客さん大丈夫ですか。もう到着しますよ』と、ついに声をお掛けしたんです。

すると、ますます音が大きくなるじゃありませんか。私は慌てて、『失礼しました！』と謝りました。だけど竹芝桟橋で二人を降ろすまで叩く音は鳴り止みませんでした。

男性がお財布を取り出してお会計する間も、ずうっとね……。それでようやく気がついたんです。さっきからの叩く音は、スーツケースの内側から聞こえてたってことに。

おまけに空耳かもしれないけど、男の方が先に降りてスーツケースを引っ張って降ろしたとき、中から『タスケテ』って子供みたいな声がしたような気がするんです。

全部、私の気のせいか、そうでなきゃ怪奇現象だといいんですけどねぇ。子供を見殺しにしたってことだと、後味が悪すぎますから」

天冠《てんかん》二題

埼玉県の北部には葬儀の際に参列者も死装束《しにしょうぞく》を着る習俗があった。最近では簡略化されて、小さな金剛杖《こんごうづえ》を男女問わず配り、男性に限って頭に着ける白い天冠《てんかん》（三角巾）だけでよくなったと聞く。県内の葬儀社の人に訊いたところ、それすら次第に行わなくなる傾向が見られるという話だ。

埼玉県羽生《はにゅう》市で生まれ育った五八歳の女性、望月さんは、自分が憶えている限りでは、昔、一つ年下の従弟《いとこ》が五歳で亡くなったときは、親戚全員が天冠を着けたばかりか、自分を含めた仲の良かった子供たちは白い浴衣まで着せられたと話す。

「そのとき私はもう小学校一年生で記憶は割合はっきりしています。出棺のとき、私は死んだはずの従弟と手を繋いでたんですよ。二つ上の私の姉もそのことをうっすら憶えてました。姉は『そのときは、やっぱり従弟が死んだのは間違いだったんだと思った』と言ってます。従弟は酷い交通事故で、たぶん顔が崩れていたんじゃないかと思いますが、亡骸《なきがら》を見せてもらえなかったので死んだことに現実感がありませんでした」

望月さんと手を繋いでいた従弟は、彼女とそっくり同じ衣装を身に着け、傷ひとつない顔で機嫌良さそうにしていたという。「天冠がずり落ちてくるのを盛んに気にしていたので、私が紐を結び直してあげたんです。不思議ですねぇ」と望月さんは首を傾げた。

東京都世田谷区出身のネイリスト、奥山さんは、お盆休みに世田谷区内の父方の実家に親族で集まったときのことを語る。

「昔からの夏の恒例行事で今でも集まってるんですけど、私が小学校の四年生のとき、夕ご飯の後でいちばん仲が良い同い年の従妹《いとこ》と一階の庭に面した和室で遊んでいたら庭の方がボウッと明るくなった気がして、そっちを見たんです。そしたら、頭に三角の布をつけた幽霊が立ってたんですよ。白い着物を着て膝のへんから下が透けながら消えてる、絵に描いたような幽霊らしい幽霊でした。大人たちが集まってる部屋に走って行って『幽霊が出た！』と従妹と騒いだけど、お祖母《ばあ》ちゃん以外、誰も信じてくれませんでした。お祖母ちゃんは『ご先祖さまの霊だろう』って言って、私と従妹にお経を唱えさせました。それから二泊して翌日は帰るという日の夜にも、二階の部屋の窓から見ました。門の方へスーッと滑るみたいに移動して、門の外へ出た途端に透明になって消えてしまいました。天冠て言うんですか？　例の三角のを着けてたから、同じ幽霊だと思います」

野辺山《のべやま》高原のお百姓

——二〇代の頃のある日、オートバイで野辺山高原の辺りを走っていたら、五〇メートルぐらい先の道の端に何か大きな道具を肩を担いだ人が出て来た。

道路を渡るのだと察して減速し、数メートル手前で停止した。近くでよく見れば、人物は中年の男性で、肩に担いでいるのは鋤《すき》という農具のようだった。「鋤なんて今でも使うのか、へえ」とも思ったが、それ以外にも大きな違和感があった。

男はちょんまげを結っていたのである。おまけに、なんともみすぼらしい着物を尻っぱしょりにして、ツギハギだらけの汚れた股引《ももひき》を穿《は》いている。驚いた点はそればかりではない。股引の太腿《ふともも》のあたりから下が透き通って、向こうの景色が見えていた。

呆気に取られて見ていると、こちらには一瞥《いちべつ》も寄越さず悠々と前を横切っていった。正面を通りすぎるとき、土の匂いが男の方からプンと漂ってきた。

道を渡り終わると、男の姿は道端の藪《やぶ》に吸い込まれるように消えてしまった。そのときどこからともない遠い所から、馬のいななきが聞こえてきた——。

以上が、今でもオートバイでのツーリングが趣味である畠山《はたけやま》さんが、一九九二年（平成四）頃に長野県南佐久郡南牧村《みなみさくぐんみなみまきむら》の野辺山《のべやま》高原駅付近で出遭った怪異である。

「江戸時代のお百姓が、亡くなってからも普段通りに仕事をしているのでしょうか」

畠山さんはそう推理していたが、あながち外れていないかもしれない。彼は知らなかったけれども、野辺山高原は近世初期まで集落がなく、ここを通る街道の治安を問題視した江戸幕府は一七世紀からこの界隈に農家を入植させ、旅の安全確保の任を負わせた。

その頃から、野辺山高原周辺の農家は「とうね」（馬齢ゼロ歳の当歳馬《とうさいば》）を主に生産しはじめ、現在でもこの界隈には厩舎《きゅうしゃ》を備えた牧場がある。

そういうわけだから、畠山さんが聞いた馬のいななきは生きた馬が鳴いただけかもしれないが、鋤を担いだちょんまげの農民風の男は幽霊なのではないかと私も思う。

寝ずの番

畠山さんの板橋区の実家では、親族の誰かが亡くなると、お通夜の夜には親類縁者が交代で寝ずの番をする習わしだった。

畠山さんの家に限らず、本来お通夜とはそういうものであった。近親者が亡骸《なきがら》のそばで故人を偲《しの》びながら、線香と蝋燭《ろうそく》や灯明《とうみょう》の火を絶やさないように夜通し番をするから、「通夜」なのだ。

線香を焚《た》くことには腐敗臭を誤魔化すためという実用的な意味もあったが、魔除けの意味もあったといわれている。通夜の段階では死者はまだ此岸《しがん》と彼岸の境い目にいる。親しかった者たちには、故人が悪い物の怪に取り憑《つ》かれることを防ぎ、つつがなく冥途《めいど》に旅立てるようにする義務があった。

一九九八年（平成一〇）前後の頃で畠山さんが二五歳ぐらいのときに、母方の伯母が亡くなった。

一九二四年（大正一三）生まれ、享年七四。年寄りの病死であり、寿命だろうと皆が口を揃えて言っていた。伯母の二人の娘、つまり従姉妹《いとこ》たちと畠山さんの三人が徹夜の番を申し付けられた。畠山さんはひとりっ子で、従姉妹とは実のきょうだいのように気心が知れていた。

三人で取りとめのない話に興じた。やがて明け方になり、会話がふと途切れた。

そのとき、伯母の枕もとに置いた御鈴《おりん》が誰も叩いていないのに、「チーン!」と鋭く鳴った。一回だけ鳴って、後はシーンとしている。

畠山さんと従姉妹たちは顔を見合わせた。

「伯母さん、僕たちに何か伝えたいのかな?」

「そろそろ叔母さんたちと交代して寝なさいって言いたいんじゃないの?」

三人は首を捻《ひね》った。その答えは、葬式のときに明らかになった。

畠山さんがご焼香しているとき、天井の方から亡き伯母の声が降ってきたのである。

「ありがとう」

畠山さんは、御鈴が鳴ったときもそうだったが、そのときもなぜか怖いとは少しも思わず、落ち着いた気持ちで伯母の感謝を受けとめて、心の中で返事をした。

「どういたしまして」

「お客さまのお部屋は四階になります」

東北地方に暮らしている娘夫婦を曽根さんご夫妻が車で見舞ったのは、東日本大震災があった年の夏のことだった。

震源地から少しは離れているとはいえ、娘の夫の実家はそれなりに苦労しているようだった。慰労の挨拶などして、帰京の途中で十和田《とわだ》湖畔に立ち寄った。

湖畔のホテルをあらかじめ予約していた。震災後、夫婦で想い出づくりをする必要を強く感じるようになっていたのだ。水入らずで旅行するのは久しぶりだった。

そんな次第で楽しみにもしていた十和田湖畔だったが、娘婿《むこ》の実家をお見舞いした後なので、気分が高揚せず、妻との会話も弾まなかった。

ホテルに到着する前に、湖を見晴らす路肩の空き地で、曽根さんは車を降りて煙草を一服した。妻は柵《さく》にもたれて景色を眺めはじめた。

この日の天気は曇りで、湖面も空も一面どんよりした灰色に覆われていた。夕方とはいえ夏の盛りで、まだ日が高いのに、辺りは妙に薄暗かった。

異様に暗すぎると思い、首筋の毛がチリチリと逆立った刹那《せつな》、真後ろで小枝を踏んでへし折るようなパキッという音がした。驚いて振り返ったら、離れたところで妻が大声で悲鳴をあげた。

「どうした?」と、後ろに妻がいなかった――小枝を踏んだのは誰だ?――ことに驚きながら訊ねると、妻が蒼くなって柵にしがみつき、

「今、誰かが私の腰を後ろから押したわ!」

責めるような口調でそう言うので、「僕じゃない」と曽根さんは応えた。

「わかってるわよ! ここ、なんだか怖い。早くホテルに行きましょう」

妻に早く早くと急かされたが、曽根さんも同感だった。ホテルに到着したときには夫婦揃って安堵の溜息を吐《つ》いた。

ところがホテル側に手違いがあり、なかなかチェックインできず、三〇分も待たされたあげくにあてがわれたのは……。

「お客さまのお部屋は四階になります。そこのエレベーターで上がって奥の突き当り、四九五号室です」

「四階?」と妻がホテルの支配人に訊き返した。「このホテル、四階があるの?」

ご存じのように、古いホテルや旅館、あるいは病院などには、四階の表示が設けられていないところがある。昭和の頃までは、四階だけでなく九階もないことにしている建物があった。「四」を「死」に、「九」を「苦」に読み替え、「忌《い》み数」として避けたのだ。

「しかも四九五号室って『九』も入ってるじゃないの。イヤね。怖いことがありそう」

迷信だから気にするなと曽根さんは言ったが、妻は部屋に入ると、そそくさと浴衣に着替えてベッドに入り、「あなたも早く寝た方がいいわよ」と、布団を被ってしまった。

曽根さんは悔しかった。せっかく旅行に来たのだから、自分だけでも楽しまなくては損だと思った。そこで一階の大浴場に行くことにした。

入浴中は人が少なすぎる点を除けば変わったことはなかった。震災から五ヶ月では客足が戻らないのだろう。少し寂しく、ちょっと怖い。

馬鹿なことを考えないように、と心の中で自分に言い聞かせながら湯からあがった。

部屋に戻るには、フロントのカウンターの前の廊下を右手に曲がった突き当りにあるエレベーター・ホールからエレベーターに乗ればよかった。大浴場に来るときに通った道を逆に行けばいいのだから、何も心配していなかった。

しかし廊下からエレベーター・ホールの方を見てギョッとなった。来たときにはなぜか気づかなかったが、突き当りの壁に大きな鏡があった。鏡にホテルの浴衣を着た自分が映っているのを、一瞬、別の誰かと錯覚した。

わけがわかって緊張を解いたのも束の間、鏡の斜め対面にあるエレベーターの方を向いたら、誰も近くにいないのにエレベーターの扉が開いていた。

エレベーター・ホールには人影がなく、エレベーターの中にも誰も乗っていない。気味悪く感じながらも、曽根さんは、ついエレベーターに乗ってしまった。

四階のボタンを押した。しかし扉が閉まらない。「閉」の表示のあるボタンを押してみても反応がなかった。そのとき、斜め前の壁にある鏡の中で何か黒い影が動いたように感じた。一気に恐怖が込み上げてきて、曽根さんはエレベーターを降りようとした。

すると突然扉が閉まって、エレベーターに閉じ込められてしまった。

全身の毛穴から汗が吹き出した。二階……三階……。エレベーターは上昇してゆく。

曽根さんは、「四階に着いて扉が開いた瞬間がいちばん恐ろしかったです」と話す。

何か怖いものに待ち伏せされていたら……。泣くほど怖かったが幸い何もいなかった。

廊下を走って部屋に戻りドアを閉めると、布団を被ったまま妻が言った。

「ほらね？　怖かったでしょう？」

夜の教会

「私の拙《つたな》い表現力で伝わるかどうか不安ですが……。ずっと以前、私は兵庫県内の会社まで、片道二〇キロの道を、自動車で通勤していた時期がありました。

もう三〇年ぐらい前のことになります。その夜も私は車で帰路についていました。いつもと違ったのは、その日は翌日の仕事の準備が押してしまって、会社を出た時点ですでに真夜中の一二時を過ぎていたことだけでした。

遅くなってしまったので、初めは急いで帰ろうと思って飛ばし気味に車を走らせていたのです。でも一〇キロばかり行ったあたりで、急に睡魔に襲われました。

就職してから数年が経ち、通いなれた道です。目の前に電車の踏切がありました。踏切を越えたら見渡す限りの田んぼの中の一本道で、滅多に車も人も通らないことを私は知っていました。そこで仮眠を取ることにして、踏切の三〇メートルばかり先の路肩に駐車しました。シートを倒して目を閉じると、たちまち眠りの中に引き込まれました。

しばらくして周囲がガヤガヤと喧《やかま》しくなり、目を覚ますと、さっきまでは田んぼの中の一本道にいたのに、私の車の左横に道が出来ていました。つまり、忽然《こつぜん》と現れたその道を『Tの字』の縦の棒だとすると、それを塞ぐ形で私は車を停めていたのです

その道は、映画でしか見たことがない昔のガス燈のようなものに囲まれていて、眩しく照らしだされていました。先に行けば行くほど明るくなる道の突き当りに、キリスト教の教会の建物があるのが見えました。

教会もライトアップされていて、非常に美しい景色です。

そして、そろそろ午前一時になると思うのに、大勢の人々が和やかに談笑しながら照らされた道を歩き、教会へと向かっていました。

私を眠りから起こした喧騒《けんそう》は、教会へ行く人々のざわめきだったのです。

『あかん。皆の邪魔になっとる』

私は車を動かそうとしました。しかし人が多いので無理をしたら轢《ひ》いてしまう。

『すんまへん。車を動かしますからどいてください』

そう叫びましたが、誰もこっちを向いてくれません。しょうがないから少し人の流れが収まるのを待っていると、だんだん人が少なくなり、とうとう最後の一人を残すだけとなりました。その人は優しそうなお爺《じい》さんで、急に私に話しかけてきました。

『今日は教会のお祭りやさかい、あんたも一緒に参ったらええ』

『いや、私は通りかかっただけやし、明日も仕事やし、遠慮しときますわ』

――断ったら、スイッチを切るみたいに目が覚めました。

さっきまでの睡魔が嘘のようにスッキリしていました。時計を見ると車を停めたときから五分しか経っていません。車の左横に道はなく、明かりもなく、元の一本道に戻っていました。短い間に変な夢を見たなぁと思いながら家に帰りました。

翌日、仲のいい会社の同僚にその話をすると、面白がってもらえると思ったのに、『教会の前なんかに車を停めるから、そんな夢見るんや』と一蹴されてしまいました。

『教会？　教会なんかあらへんよ。あそこらは田んぼばっかやで』

『あるよ。丘んところに丸岡山教会いうのがあるから、探してみぃ』

何年も通っていた道なのに私は知らなかったのです。その夜、前の晩に車を停めた場所に行って周囲を観察すると、こんもりとお椀《わん》を伏せたみたいに盛りあがった丘が目に入りました。木々に覆われた丘で、田んぼを海だとすると、小さな島のような印象でした。

私はそこへ近づき、丘の裾野に沿って反対側まで行ってみました。

すると本当に教会がありました！　しかも、ガス燈こそありませんでしたが、夜にもかかわらず礼拝堂に灯りが点いており、何人もの人影が動いていました。

礼拝堂に入ろうとするお婆さんを呼びとめ、私は恐る恐る、こんな時間に教会で何をするのか訊ねたのですが、答えを聞いた途端に腰が抜けそうになりましたよ。

『今日はお葬式があるよってね』

兵庫県加西《かさい》市の丸岡山教会です。今でもあると思いますよ」

丸岡山教会はグーグルマップですぐに見つけられた。周囲を広い田畑に取り巻かれていて、なるほど、たしかに離れ小島のようでもあった。私は、鎮守の森のキリスト教版という見方もできると思った。田園の真ん中の麗《うるわ》しいサンクチュアリだ。

この逸話を語ってくれた神田さんは、五〇歳を過ぎた今も時折、ライトアップされた教会の夢を見るという。そして夜の教会の夢を見た翌朝は、爽快な気分で目が覚めるそうだ。

霊感

もうすぐ還暦を迎える元自衛官の白山さんは、普通の人には見えない存在を感じとることができる、つまり霊感があるのだという。

霊感を持ったきっかけは、今（二〇一七年）から四三年前に遡《さかのぼ》る。

白山さんが高校生のときのことだ。祖父が六五歳で他界して、お通夜の寝ずの番を孫である白山さんが務めた。家庭の事情から、彼と祖父とは親子のような並々ならぬ深い情愛で結ばれていた。祖父の亡骸《なきがら》のそばで夜を明かし、早朝の五時頃に、玄関の新聞受けに新聞が投げ込まれる音を聞いた。

朝刊を取ってくるのは彼の役目だったから、何も考えず、いつもの習慣で玄関へ向かった。すると家の表で人の気配がした。

ドアを開けて玄関から外へ出てみたところ、和服を着た老人が左の方から家の前の道を来るのが生垣越しに見えた。初めは近所の人だと思ったが、老人の着ている着物に見覚えがあった。左から右へ目の前を横切っていく……。

「じいちゃん！」

驚いたことに、それは亡くなったはずの祖父だった。白山さんは声を掛けたが、祖父は孫の方を見向きもせず、声が耳に届かなかったかのように歩き去ってしまった。

表の道まで追い掛けたが、隣の家の敷地に差し掛かると、祖父はふっつりと消えてしまった。

「死者は、亡くなってから四九日間は元いた場所に留まると聞いたことがあります。たぶん祖父は私に別れを告げに来たのでしょう」

祖父の霊を見た日から白山さんの霊感は開花して、それ以来、ふとしたときに幽霊や不可思議なものに遭《あ》う。どこに行ってもそういうものを見てしまうので、本当は此《こ》の世は立錐《りっすい》の余地もないほど幽霊だらけなのだと思っているという。

「ここにも幽霊がいますか？」と訊ねたら、「歳のせいか、近頃は人も幽霊も大差ないような気がします」と白山さんは冗談めかしたことを言って、私の質問をはぐらかした。

誰かの足音

大学を卒業すると白山さんは自衛隊に入隊した。

自衛隊には「当直」といって、勤務時間外に駐屯地内の見回りや戸締まり確認、夜間の緊急時の初動対応などを行う任務があり、半週あるいは一週間交代などで持ち回りで就くことになっている。

入隊後しばらくして白山さんにも順番が回ってきた。夜間の巡回は当直者が二人一組で行う。深夜、相方と連れだって当直室から出発し、基地のパトロールを開始した。

真夜中の基地はとても静かだ。ゴム底のブーツで静かに歩いているつもりでも、自分たちの足音がはっきり聞こえた。白山さんたちは要所ごとに立ち止まり、必要があれば懐中電灯で照らして点検しつつ巡回を続けた。

しかし、やがて白山さんは何者かに後をつけられていることに気づいた。

背後から自分たちのではない足音が聞こえた。しかもそれは一定の距離を保って自分たちを追ってくるようなのだ。

気のせいであればいいが……。いっぺんで緊張の度合いが高まった。努めて冷静を保ち、もう一人の当直者に身振りで「尾行されている」と伝えた。そしてタイミングを合わせて二人同時に急に立ち止まってみた。

ヒタヒタッと、一拍遅れて後ろの誰かも止まった。気のせいではないことが確認できたので、白山さんたちは「誰だっ」と振り返りざまに鋭く問うて懐中電灯の光を当てた。しかし誰もいない。あたりを隈《くま》なく探したが、やはり人の気配もない。

首を捻《ひね》りながら巡回を再開した。すると、またしても足音がヒタヒタとついてきた。白山さんたちが立ち止まると、後ろの足音も止まる。反響による錯覚ではなかった。歩き方のリズムは人によって違う。背後の何者かは二人のどちらとも異なるリズムで歩いていた。もう一度、振り返って尾行者を探したが姿は見えず、歩きだすとまた足音がついてくるので、白山さんたちは恐ろしくなって当直室に逃げ帰った。

叱責されることを覚悟しながら当直室にいた先輩に報告すると、意外にも先輩は怒らず、真剣に話を聞いてくれた。そして「自分は体験していない」と前置きしたうえで、この基地では心霊現象が起こるという噂があり、その原因は第二次大戦中に若い新兵がトイレで自殺したことだと言われていると教えてくれた。

首を絞める悪霊

自衛隊時代、白山さんの同僚が、基地の隊舎で眠っている間に誰かに首を絞められるという事件があった。

白山さんが同僚に聞いたところでは、夜中に息苦しくて目が覚めてしまい、ついでにトイレに立った際に、ふと鏡に映る自分を見てみたら、首筋に手の痕《あと》が生々しくついていたのだという。

隊員同士のトラブルであれば深刻な問題だが、同僚は誰かに恨まれるような覚えはないと話し、白山さんも彼について思い当たることは何もなかった。とりあえず用心するように忠告して、昼の間、仲間と一緒に、件《くだん》の同僚とその周辺人物を観察した。

怪しい動きをする者は一人もおらず、ちょっとした悪戯《いたずら》のつもりで首を絞めた輩《やから》がいたにしても、白山さんたちが監視しているので大事になりそうだと悟り、二度とやらないだろうと思った。

けれども、その夜も再び同僚は首を絞められた。さらに翌日の夜もまた……。三日連続でやられて、彼の首には赤黒い痣《あざ》が刻印されてしまった。左右の手の形がくっきりとわかり、殺意を感じさせて傍目にも恐ろしい。

白山さんは同僚の寝室をつきっきりで見張ることにして、当直を替わってもらった。近くの廊下に隠れてようすをうかがっていると、深夜の二時を少し過ぎた頃、歩いてくる靴音が聞こえてきた。寝室のドアが開く音を合図に、白山さんは同僚のもとへ駆けつけた。

すると、ベッドの上に馬乗りになって同僚の首を絞めている男の影があった。しかしその恰好が奇妙である。旧海軍の作業服（事業服）を着ているのだ。さらに全身の細部が滲《にじ》んだようにぼやけ、暗闇を纏《まと》わりつかせたように黒ずんでいる。

——悪霊だ。

そう直感した白山さんは、その場で一心不乱に般若心経《はんにゃしんぎょう》を唱えはじめた。目を瞑《つむ》って祈っていると、部屋の空気がスッと軽くなった気がして、目を開けたら亡霊の姿は消えていた。首を絞められている間は意識を失っていた同僚も気がつき、無事を喜び合った。

その週末、白山さんと同僚は基地の近くの寺院を訪れた。ご住職が同僚に取り憑いた悪霊を鎮める儀式を行い、お経をあげて供養すると、同僚は明るい表情になり、もうこれで安心だと白山さんも思った。

実際、同僚にはそれからは何も起こらなかった。だがしかし、その後も基地では怪異が続いたのだった。

地縛霊たち

入隊から七年後、白山さんは自衛隊を途中退官し、郷里に戻って道路や施設などの点検・管理を行う仕事に就いた。すると、自衛隊にいたときには遭遇しなかったタイプの幽霊を見るようになった。

たとえば道路では、パトロール中に頭痛を覚えると、そこは死亡事故現場。事故に遭《あ》った被害者が亡くなった場所に目を凝らすと、うずくまる人影が見えてくる。

地縛霊なのだろう。声は聞こえないが、目で訴えてくるというか、白山さんに向かって助けを求めてくる感じを無言のうちに伝えてくる場合があった。

そういうとき白山さんは「自分はお役に立てません」と地縛霊に念を送り、心の中で般若心経を唱えることにしていた。

江戸時代に築城された古城と付随する施設の点検・管理を行った際には、夜間の巡回中にさまざまな怪しい気配を感じた。長い歴史の重積がある建造物だから、憑いている霊も一人や二人ではきかないのである。

その城でよく遭う地縛霊は身分の高い女性、若い侍、初老の侍の姿をしていた。彼らは城への執着が強いのか、一人で当直に就くと必ず見ることになった。

また、地下室には彼らとは別の何かが棲《す》んでいた。地下室は倉庫になっており、巡回とは別に業務に必要な資材を取りに行くことがあった。日のあるうちでも地下室に足を踏み入れると強い視線を感じることが度重なり、次第に気になってきた。

そんなある日の夜、地下室に行ったところ、等身大の人の恰好をしたクラゲのようなものと遭遇してしまった。照明を点《つ》けてもそいつは消えなかった。白っぽい半透明で、目鼻も耳もゆるい凹凸があるだけでのっぺらぼうのようだったが、まるで実体があるかのようだ。クネクネとおかしな動き方をしながら白山さんから逃げて壁にはりついた……と思ったら吸い込まれて消えてしまった。

出入りの業者が夜間作業を断ってきたこともあった。白山さんの会社の方では、見物客が城に来ない営業時間外に作業をしてもらいたいと考えていたので、なぜ出来ないのかを問い質したら、「城の中で午前一時を越えたくないから」という答えが返ってきた。

なんでも以前、徹夜でここの改修作業をしたときに、深夜一時を過ぎるとさまざまな怪奇現象が起こり、作業員たちを脅《おびや》かしたのだという。

いけばかの蚊柱《かばしら》

私が小学校四年生から成人するまで過ごした八王子市辺りの東京の山間部には、一九六五年（昭和四〇）ぐらいまで〈いけばか〉と〈まいりばか〉というものがあった。前者は「埋《い》け墓」、後者は「参り墓」と書くのだろう。亡骸《なきがら》を〈いけばか〉に埋葬してしばらく置き、白骨化した頃を見計らって掘り起こして〈まいりばか〉に改葬するのだ。

殺人事件や遺体遺棄事件が起きて、すっかり心霊スポットとして有名になってしまった八王子市鑓水《やりみず》の「道了堂」は小学生の頃の私と仲間たちの遊び場所で、当時はお堂やその他の建物が廃屋となりながら残っていた。お堂の裏には汲《く》みあげポンプ式の井戸があり、井戸から森の中に伸びる大人の肩幅ほどしかない細い小道を数メートル行くと、そこに打ち棄てられた粗末な墓石があった。

小四の社会科見学で行ったとき、私たちを引率した先生に誰の墓かと訊ねたら、堂守《どうもり》の家族の〈いけばか〉だったのだと思うと答えた。そして〈いけばか〉は遺体の肉を腐らすだけだから〈まいりばか〉に比べて簡易なのが通例だったと説明してくれた。

一〇歳の子供には「肉を腐らす」という表現が刺激的で、今に至るまで、そのときの先生の表情を含めて忘れられない出来事だ。

先生は八王子市内の由緒のある寺院の次男で戦前派だったから、地元の古い習俗をよく知っていた。先生の実家の寺には、元は〈まいりばか〉だったお墓がいくつもあって、どれもとても立派なのだとも話していた。

私は、社会科見学の後にも道了堂に遊びに行った。ことに夏になると、腰に蚊取り線香をぶらさげてしょっちゅう訪れた。カブトムシなどの甲虫が捕れたからである。

先生からあんな話を聞いてからは〈いけばか〉の存在が気になり、道了堂で遊ぶたびについでに見る習慣がついた。「怖い物見たさ」というやつだった。

夏休み中、朝食前に友だちと連れだって虫捕りに行ってみたら、〈いけばか〉の前に薄黒い人影が浮かんでいて悲鳴をあげたが、よく見たら濃い蚊柱《かばしら》だったということがある。

墓石の前が掘り起こされて穴に水が溜まり、そこから大量の蚊が湧いていたのだ。

私たちは、「誰かが死体を掘り起こしたんだ！」と興奮したが、当時ですら全国で火葬が義務化されて久しかったのだからそんなはずはなかった。

ただ、あのとき蚊柱は不思議なぐらい人の形を取っていた。土に滲《し》みこんだ腐肉の成分の主が、墓を荒らす悪戯《いたずら》者に何かを警告したくて現れたのだろうか。

欠番の家

世間を騒がす陰惨な殺人事件が起きた場所に、新しく住宅などを建てた場合、事件当時の番地を欠番にした例があるそうだ。

以前、練馬区のとある賃貸住宅に住んでいたスーパーマーケット店員の臼井さんが、自分のうちがあった場所で一家惨殺事件が起きていたことを知ったのは、数々の霊現象に悩まされたあげくに引っ越した後のことだった。

欠番になった土地に居たのは一〇年以上前の三ヶ月間にすぎないが、「最初から知ってたら住まなかった」と臼井さんは今でも憤慨している。

引っ越した日から、勝手に電気が点《つ》いたりテレビのスイッチが入ったりといった電気系統の誤作動が頻繁に起きた。初めは気にしていなかったが、住むようになって一週間しないうちに悪夢にうなされるようになった。

その頃はまだ臼井さんには子供がなく、夫と二人暮らしだった。連日ひどくうなされるのを夫は心配し、どんな夢を見ているのか聞きたがった。しかし話そうとするそばから臼井さんは夢の内容を忘れてしまう。三回ぐらいそんなことを繰り返した。

四回目に悪夢を見たのは六月下旬のことだった。

臼井さんは夢の中で知らない人の家にいた。見たことがない家具やカーテンだが、夢ではそこは臼井さんの家だった。食事の準備をしていると、夫が一歳ぐらいの男の子を抱っこして食卓の上座に着いた。そこへ小学生ぐらいの女の子たちも加わった。少女たちは面差しが似通っていて、姉妹だということが一目でわかった。

「普通の一家団欒《だんらん》というか……。たぶん朝食の風景です。でも私は台所で料理をしながら泣いていて、包丁やまな板や流しの中が血で真っ赤なんですよ。排水溝が詰まってるんだわと思って蓋《ふた》を開けると、ピクピク蠢《うごめ》く内臓のようなもので一杯になっていました」

臼井さんが夢で悲鳴をあげた直後に、夫に肩を揺すられて目を覚ました。そのとき、女の子たちが楽しそうにお喋りしている声がダイニングキッチンの方からはっきりと聞こえてきた。

臼井さんは「あっ、夢で見た子たちだ！」と夫に言って、見に行ってもらった。

夫はすぐに顔を引き攣《つ》らせて戻ってきて、寝る前に消したはずのダイニングキッチンの電気が点いていて、なんだか生ぐさい臭いがしたと臼井さんに報告した。

「そのときから夢で見たことを朝になっても覚えているようになって、盛り塩をしたり、神社でお札をもらってきたりしても効果がなくて、私は精神的に参ってしまいました」

当時、臼井さん夫婦は二人とも三〇そこそこで貯金も充分ではなく、引っ越してきたばかりでまた引っ越すことを当初はためらった。臼井さんは週末ごとに実家に泊りがけで帰るようになり、夫は土日を一人で過ごすことが多くなった。

お盆休みに夫の田舎に帰省することになっても、出立前日の朝も、臼井さんは自分の実家にいた。旅行の準備も要るし帰宅してあげなければいけないと思いながら両親と朝食をとっていたら、夫から電話が掛かってきた。

「今、トイレに血まみれの女の子たちがいた！」

目が覚めて小用を足そうと思ってトイレのドアを開けたら、全身血まみれの少女たちが並んで立っているのが見えたそうだ。

臼井さんが、その場所で一歳から九歳までの子供三人と四〇代の夫婦が惨殺された事件が起きていたことを知ったのは、住居を引き払った後のことだった。

引っ越した途端に怪異に悩まされなくなったことを夫が怪しみ、インターネットで調べて、八〇年代に一家惨殺事件があったことを突きとめたのだという。犯人は殺害した五人の遺体をバラバラに解体し、内臓は料理用のフードプロセッサーでミンチにしてトイレに流した。世間を騒がせた凶悪事件だったので、探せばいくらでも情報が出てきた。

自分たちが住んでいたのが間違いなく事件が起きた家があった土地だったことや、番地が欠番になっていることも、夫婦で確認した。

「それでストンと腑《ふ》に落ちたんですが、まだ続きがあって。その後すぐ私は妊娠して立て続けに子供を生んだんですけど、上が女の子二人で、下が男の子なんですよ。だから殺された子たちが生まれ直したかったのかな、なぁんて……ありえませんよね。ただの偶然ですよね？　でも、あんなところに住まなかったら、子供たちの顔を見るたびに夢で見た状景を思い出してしまうこともなかったんだと思うと、本当に腹が立ちます」

ピッピ靴《ぐつ》

幼児の履《は》き物で、通称「ピッピ靴《ぐつ》」なるものをご存じだろうか? 正式な呼び名は決まっておらず、靴販売店に問い合わせたところ、業者の間では「ふいご靴」もしくは「笛付きシューズ」「笛付きサンダル」と呼んでいるという回答を頂戴した。

どんな物かというと文字通り、靴底《くつぞこ》に仕込んだふいごと笛が歩くたびに踵《かかと》で押されて「ピッピ」と可愛らしい音を立てる、幼児用の安価な普段履きである。近年は音が耳障りだとする苦情が増えて流行《はや》らなくなったようだが、一九六〇年代から八〇年代(昭和三〇年代半ばから平成元年)ぐらいまでは、これを履いている幼児をよく町で見かけた。私も幼稚園の年少さんの頃までピッピ靴を履かされていた。

いつものように朝から書き物をしていたら、久しぶりに聴く懐かしい音を耳にして、これはもしやピッピ靴ではないかと思って窓の外を見渡してみたら、艶《つや》やかなおかっぱ頭が隣のマンションの庭で日の光を跳ね返していた。

うちはマンションの五階にあり、隣の建物の庭までは距離がある。へえ、これだけ離れていてもピッピ靴はよく聞こえるものだなと感心し、だから嫌われるのだろうと納得がいった。私自身は嫌いではない。昭和の頃を思い出して懐古趣味に浸《ひた》るだけである。

赤いピッピ靴を履いたおかっぱ頭の子は二つか、せいぜい三つぐらいで、白いブラウスの裾を赤い吊りスカートのウエストにたくしこんでいて、靴下を穿《は》いていなかった。靴だけでなく、そんな恰好までも懐かしいようだ。幼い頃の私の写真に似たようなスタイルのものがある。春先のことだったから、素足は寒々しく感じたが、きっとあのマンションの子なのだと予想した。すぐに連れ戻されるのだろう、と。

見ていると、黒っぽい浴衣を着たお爺《じい》さんが隣のマンションの一階の庇《ひさし》の影から現れた。浴衣を部屋着にしている老人はたまにいる。お爺さんは女の子の片手を捕まえて、庇の影に引っ張っていった。すぐに二人の姿は見えなくなった。

それからというもの、雨や雪でも降らないかぎり毎朝ピッピ靴の音が聞こえるようになった。私は七年経つまで気に留めなかった。ピッピピッピピというあの音は、私のとっては雀《すずめ》の声のようにあって当たり前になっていたのである。

きっかけは忘れてしまったが、某出版社の編集担当・サトウさんとピッピ靴のことが話題になり、うちの近所に履いてる子がいると話しはじめて、はたと気づいた。

ごく小さな子供用の履き物だ。同じ子が成長しつつ七年間も履きつづけられるわけがない。しかしもちろん、お下がりを履いている妹たちがいる可能性や、近所に他にもピッピ靴を履いている幼児がいる場合も考えられる。

翌朝はひどく冷え込んだ。一一月初旬だったのだ。

またピッピ靴が聞こえてきたので、隣の庭を見下ろすと、いつか見たおかっぱ頭、赤い吊りスカート、素足に赤いピッピ靴が見えて、うなじに氷を当てられたような気がした。少しして、庇の影が濃くなって膨らんだかと思うと、黒っぽい浴衣のお爺さんの姿を生じさせた。お爺さんが女の子の手を引いて庇の下に入る——七年前に見た光景と違うところがあったかしらと必死に記憶を探っているうちに、二人の姿は見えなくなった。

彼らが何者かはわからないが生きている人ではないようだとわかり、その後は、ピッピ靴の鳴る音が始まっても努めて無視している。

『東京大空襲・戦災誌』第1巻～第5巻（全5巻）
『東京大空襲・戦災誌』編集委員会編　刊行：財団法人　東京空襲を記録する会

『封印された東京の謎』　小川裕夫　彩図社

『江戸の町は骨だらけ』　鈴木理生　ちくま学芸文庫

『民間暦』　宮本常一　講談社学術文庫

『耳袋』上・中・下　根岸鎮衛　長谷川強（校注）　岩波文庫

『江戸はこうして造られた』　鈴木理生　ちくま学芸文庫

『江戸名所図会を読む』　川田壽　東京堂出版

『東京時代MAP　大江戸編』　新創社編　新創社

『スーパービジュアル版　江戸・東京の地理と地名』鈴木理夫　日本実業出版社

『古地図と地形図で楽しむ　東京の神社』　荻窪圭　光文社知恵の森文庫

『東京「暗渠」散歩』　本田創編著　洋泉社

『知って驚く　東京「境界線」の謎』　小林政能　じっぴコンパクト新書

『フォトアーカイブ 昭和の公団住宅─団地新聞の記者たちが記録した足跡』
長谷川一平　編　智書房

『団地の空間政治学』　原武史　NHKブックス

『公団住宅居住者の社会階層と住宅需要──昭和40年公団住宅居住者定期調査（一般賃貸住宅）の分析──』日本住宅公団建築部調査研究課

『江戸・東京の事件現場を歩く』　黒田涼　マイナビ

『東京　あの時ここで　昭和戦後史の現場』　共同通信社編　新潮文庫

【参考文献】順不同

『日本凶悪犯罪大全』　犯罪事件研究倶楽部　文庫ぎんが堂

『あの事件を追いかけて』　大畑太郎　宮崎太郎　ASTRA

『小田原まちあるき指南帖5　小田原・荻窪用水の巻』
　平井太郎　オルタナティブ近代化遺産研究会

『日本最古の水道「小田原早川上水」を考える』　石井啓文　夢工房

『語り継ぐ赤坂・青山　あの日あの頃』第1弾・第2弾
　赤坂・青山地区タウンミーティング　編　港区赤坂地区協働推進課

『ワシントンハイツ　GHQが東京に刻んだ戦後』　秋尾沙戸子　新潮文庫

『表参道が燃えた日　山の手大空襲の体験記（増補版）』
　「表参道が燃えた日」編集委員会　制作・発行

『昭和10年頃の青山・表参道町並図』株式会社　都市整図社　※表記ママ

『陸上自衛隊服務細則』防衛省 情報検索サービス
　http://www.clearing.mod.go.jp/kunrei_data/f_fd/1960/fy19600430_00024_005.pdf

『航空自衛隊基地服務規則』　防衛省 情報検索サービス
　www.clearing.mod.go.jp/kunrei_data/g_fd/1992/gy19930222_00006_000.pdf

『紙本淡彩戸山山荘図〈谷文晁筆〉』※及び解説　文化庁　文化遺産データベース
　http://bunka.nii.ac.jp/db/heritages/detail/191066

『同姓同名辞典』http://www.douseidoumei.net/

国会図書館デジタルコレクション　http://dl.ndl.go.jp/ から
『東京市地籍簿』鹿野雅夫 編　東京地籍簿発行所（大正14年）
『譚海』員正恭（津村正恭）　国書刊行会（1917）など

実話奇譚 呪情

2017年10月6日　初版第1刷発行

著者　川奈まり子
デザイン　橋元浩明(sowhat.Inc.)
企画・編集　中西如(Studio DARA)
発行人　後藤明信
発行所　株式会社 竹書房
〒102-0072 東京都千代田区飯田橋2-7-3
電話03(3264)1576(代表)
電話03(3234)6208(編集)
http://www.takeshobo.co.jp
印刷所　中央精版印刷株式会社

定価はカバーに表示しています。
落丁・乱丁本の場合は竹書房までお問い合わせください。

ISBN978-4-8019-1224-3 C0176